从认识走向超越

——我的语文教学

胡奇良◎著

上海社会科学院出版社
SHANGHAI ACADEMY OF SOCIAL SCIENCES PRESS

序

  认识胡奇良老师应该有十多年了，第一次是在什么样的情境中见面的我忘了，但胡老师儒雅的学者风度却给我留下了深刻的印象。随着时间的推移，我们的交往越来越多，现在我对他有了更深一层的认识。作为一位语文教师，胡奇良更有一种专业的精神和学术的态度。记得有一次，胡奇良受邀参加省"百人千场名师送教"活动，活动中，胡老师上了展示课《汉家寨》。在这堂课上，胡老师精致严谨的设计、简约灵动的课堂、风趣幽默的语言、扎实无华的教学，给我和参与听课的教师留下了深刻的印象。

  胡奇良是浙江绍兴人。绍兴既是中国历史文化名城，又是著名的江南水乡，这里的山水、这里的文化，哺育着这里的人：踏实，真诚，平和，聪慧，朴实无华，不哗众取宠，更不盛气凌人。胡奇良身上就具备了这样的品格。他是一位高中语文教师。教师最重要的品格是什么？是坚守自己的专业，不图华丽，不求虚名，清淡高雅，一尘不染。他曾在诗作《柳花告诉蒲公英》里写道："你问我什么是甜蜜／我只告诉你／我是把脚深深地驻在地下多年／且用我全身之力／共蜜蜂和一曲／坚守之歌／／我清楚，只要脚站稳了，心就不会漂泊。"诗为心声，胡老师就像这几句中所说的那样，把脚深深地扎在地下——他所爱的语文教学上，做一位认真勤奋、学有所专、业有所攻的有思想的语文教师。

  我说胡奇良是一位有思想的语文教师绝不是客套的话，而是实话，因为在他的身上有一种对教学对专业的孜孜以求、永不满足的精神。正是这种精神使他在自己的专业学术研究上一直在坚守与发展、创新与超越着，将教学始终"指向自我发现自我超越的人生"上。何以为证？这本《从认识走向超越——我的语文教学》便是明证。在当今社会浮躁、学术浮躁的氛围中，胡奇良能凭着对事业初心不改的热爱，潜心于学术研究中，且成果累累，这实在是难能可贵的。

当今语文流派林林总总，其中许多是标新立异，求其噱头，而无实质性的内容。据我所知，胡奇良迄今没有用什么流派标新，更没用什么"××语文"立异，而是脚踏实地地坚持上好每一节语文课，做好一个语文教师该做的事。也正是基于此，他在本书中提出了"培养自觉的语文意识"的观点，他认为语文课应该注重语文味，"第一要著是培养对运用语言文字的自觉关注的意识，即对听、读、说、写的自觉的关注意识"。且这种语文意识应该是有思维的、有语言的，在语文教学中，应该有"对文章的言语形式的主动关注，对文章'是怎么说的'的关注"。也就是说，语文课应该是在语言活动中培养学生的语文思维力。他的这一教学思考，我们可以从他的第二辑中所呈现的课例《从语文出发，再回到语文——以〈寒风吹彻〉的教学为例谈语言的建构和运用》及其他教学案例中感受到。胡老师认为，就阅读教学而言，要让学生通过多种多样的言语实践活动，经由对文本语言的触摸、揣摩和品味，获得思维的发展与提升，达到审美的鉴赏与创造，实现文化的传承与理解，最后形成和发展学生个体言语经验。简而言之，即从语文出发，再回到语文。对此，我深表赞同，因为，没有对语言文字的主动关照就不可能形成真正的语文素养。

胡奇良不仅在学术上有思考、有追求，更重要的是他还敢于并善于将自己的追求落实到课堂的教学中去。本书的第二、三、四辑中，胡老师就结合自己的教学实践，用具体的教学案例，展示了自己的课堂教学实践。这些教学案例虽然只是胡老师课堂教学的一隅，但通过这些案例，我们可以看到他的学术思考与教学追求不是空洞的，而是具体的、真实的。课堂教学是一位教师的立身之本。一位教师的真正发展是建立在对课堂教学的研究与对教材的研究上，只有这样，我们的研究才是研究自己的问题，研究真实的问题，研究可以研究的问题。从胡奇良的这本书所用的大量教学案例中，我们可以看到，他的研究不是空洞的，而是立足于课堂教学的。也正因为是这样，他的研究是真实的，他在书中所提供的案例是有价值的。

绍兴是我国现代文学大家鲁迅先生的故里，作为鲁迅家乡的后来者，人们有责任也有义务在中学语文教学中更好地去研究鲁迅。作为绍兴人的胡奇良在这方面着实是花了心思的。本书中有多个篇章呈现的是胡奇良对鲁迅作品教学的研究成果,这些研究成果对我们进行鲁迅作品的教学是很有参考价值的。他在《走近真实的鲁迅——深化中学鲁迅作品教学的思考》中提出的鲁迅的"小说教学:'立人'的意识与灵魂的透视""杂文教学:诗情的绽放与形象的思维""散文教学:情感的诗化与审美的再现"等观点都是很有见地的。这些观点既为我们拓展鲁迅作品教学的思路打开了一扇窗,也为我们深入理解鲁迅作品的思想内涵提供了极为有意义的思考。

我和胡老师有过多次的深谈,在深谈中我深刻地感受到他身上所具有的诗人气质,这种气质化在语文教学上,就是他在教学的路上坚定地行走着,并追求着语文教学的"诗与远方"。2017年,教育部颁布了新的《普通高中语文课程标准》,胡奇良随即跟进学习、研究、实践,著文立说,开展课堂实践,为新课程的实施与落地做了有效的探索。我在前面说过,胡老师是一位善于思考、不断追求的老师。从他对新课标新课程的学习、研究与实践中,我们可以看到,他在教学研究上孜孜以求的不懈精神,我们有理由期待,勤勉与扎实,一定可以让胡老师在语文教学这方土地上展望自己的"山外青山"和"秋水长天"。

胡奇良的大作《从认识走向超越——我的语文教学》即将付梓,这是可喜可贺的。他嘱我作序,虽心有惴惴,但作为亦师亦友的我,还是不揣谫陋为之作序,并愿向各位语文教师朋友荐之。

"我没有山却心有大海,那是我的归途",借用胡奇良在他的《风过棉城》中的诗句共勉之!

是序。

郭吉成
2021年5月3日于安吉寓所林语香溪

目录

序   1

第一辑   观点思考   1

指向自我发现自我超越的人生   3
文学作品教学的切入口探微   13
咬文嚼字：培养语文意识的台阶   18
文学作品教学的本体意义追寻   26
走近真实的鲁迅   31
——深化中学鲁迅作品教学的思考

第二辑   教材分析   75

"学习任务群"教学设计的三个关注点   77
——以统编教材必修上册思辨性阅读教学为例
一个"非人"的被"穷死"   83
——祥林嫂之死分析
对"作为思想家的鲁迅"的解读   89
——读陈越著《鲁迅传论》
要求经典性与可感性的统一   94
——浅谈高中语文新课程鲁迅作品的选编

第三辑   教学案例   99

从语文出发，再回到语文   101
——以《寒风吹彻》的教学为例谈语言的建构和运用
贴着语言走   108
——我这样教《汉家寨》
师生互动的合理性与有效性探讨   114
——《娜塔莎》同课异构观察
聆听另一种声音   117
——《我与地坛》古园描写的另一番景致

让言语活动更有效   122
——营造真实语文学习情景的途径探微

走向学生提问的课堂   130
——从"以教为主体"到"以学为中心"的转向

换一种体式   139
——用比较来提高学生言语表达能力的探索

释放真诚，袒露自我   146
——向《咬文嚼字》学习字斟句酌

用"语文"来说话   152
——中学语文教材中鲁迅作品教学例论

因声求气   161
——《师说》教学的另一个角度

第四辑　写作应用   173

统编教材必修上册第一单元写作导引   175
微型写作学习任务——诗歌欣赏札记

大作文写作——学写诗歌   180

学写新诗   187

选定角度　有的放矢   204
——统编教材必修上册第六单元"议论要有针对性"写作教学探究与举隅

发现问题是再度写作的前提   216
——由黄厚江老师的一堂作文指导课说开去

申述类表达题答题优化策略   224

立足生活，语文应用为本   228
——2011年高考语用题的命题特点分析

话题作文"我看中国达人秀"写作指导及佳作示例   234

后记   245

第一辑
观点思考

指向自我发现自我超越的人生

文学作品的教学在语文阅读教学中占了很大的比重，它不但可以扩大学生的认知领域，增强学生认知的深度与广度，而且更是思维训练、思想渗透、情感熏陶和启迪心灵的最重要的途径。教师通过文学作品的教学，可以增进学生对自然、生活、历史的了解，更重要的是，文学通过塑造形象，通过描绘人物命运与人物之间的关系等方面，来揭示社会的某些本质，揭示历史发展的规律，丰富学生的精神世界，提升学生的文化品位，从而加深学生对自我的确证与理解。如果说，语文课堂教学是不断丰富学生人生的生命过程，那么文学作品教学就是指向学生自我发现自我超越的人生。

其一，文学是"人学"，所以文学对一切外部世界的描绘最终都是为了人，人才是文学的目的。歌德曾说："人对于人是最有兴趣的，并且只是对人感兴趣。"于是，人成为文学作品所要反映和表现的最重要的内容。在文学作品的教学中，作为人的学生会不自觉地受到作品中的人物形象的心灵渗透，甚至影响到思想情感、道德情操和人格信念。卡西尔说的"人被宣称为应当是不断探究他自身的存在物——一个在他生存的每时每刻都必须查问和审视他的生存状况的存在物"[1]，就文学作品的教学来说，就是指学生会自觉或不自觉地在文学作品的人物或形象身上去审视自我、反观自我，进而发现自我、把握自我，深化对人自身灵魂与人性的了解。

文学是以情来动人的，并且在情感中熔铸理性，所以文学作品中包含着对生命价值与意义的追寻。文学作品正是通过反映人与外部世界的关系、思索人与外部世界的关系，通过自己的价值评判，通过自己的情感态度，来追寻人生的意义。难怪法朗士说："读文学作品是一

种灵魂的探险。"也可以这么说，文学作品教学是师生借助于课堂这种组织形式，获得自我心灵的独特情感体验和对人生意义追寻的一次探险。

那么，如何达到文学作品的思想渗透和人生意义的观照呢？我们认为，主要是通过价值判断，即通过对人物形象的思想道德判断和审美判断，寻求自我心灵中真、善、美的统一。

在文学作品的教学中，我们可以通过人物形象的分析培养学生树立正确的是非判断标准。对人物正直、忠诚、勇敢、纯洁等美好人性的肯定与赞美，可以树立学生善的观念和对善的向往；而对人物恶行的揭露与批判，则能使学生产生对恶的痛恨与厌恶。《项链》这篇课文，多数学生都认为路瓦栽夫人是一个贪图虚荣的反面典型，而有些学生却发现了她性格中的许多闪光点。他们认为路瓦栽夫人在丢失项链后，敢正视这一"灾难"，通过自己十年苦熬、苦挣来还债，说明她十分坚强和勇敢；路瓦栽夫人是一位美丽的女人，在负债累累的情况下，她没有采取其他挣钱的方式，如出卖肉体等，说明她本质纯正。对路瓦栽夫人这个人物多角度、多方面的感受与理解，可以看出学生心中所持的不同道德倾向，从他们不同的道德判断中已经反映出他们的属于自己的道德判断标准，从而在对复杂的人物性格判断中隐射出自己对真与善的自觉追求。

其二，文学作品教学其实也是一项审美实践活动，学生通过不同人物形象的感受、体验和欣赏，在潜移默化中陶冶思想情操、树立正确的价值取向，最终净化灵魂，这也就体现出了文学作品的教育功能。例如，对反面形象的审视往往是通过否定性评价来达到启迪的。世界文学史上的四大吝啬鬼形象是从吝啬的不同表现形态来展现的：夏洛克是吝啬而又狠毒的；阿巴贡是吝啬而又贪婪的；葛朗台是变态的金钱偏执狂；泼留希金则是吝啬与愚昧浪费的结合体。在对这一个个各具特色的吝啬鬼丑陋人性的审视中，学生的情感、心灵与思想得到了净化，灵魂的境界有了提升。

既然文学作品教学主要是通过道德判断和审美判断来实现思想教

育的，那么在教学中，我们认为，下面三个方面缺一不可。

一是要营造对话环境。语文教学作为对话，是由多个对话者的多重对话相互交织而成的。首先是学生与课文的对话。在文学作品教学中，课文不是一个客观对象，它更像对话中的另一个人。"阅读是两个主体的相遇相知，即对话。"[2] 学生从自己的"前理解"视界出发来理解文本、发现自我，实现自己的"现实视界"与"文本视界"的融合。学生在这种"视界融合"中，生发出一种既不属于"文本"的客观意义，又不完全属于自己原有精神世界的主观意义，而是带有"文本"的客观意义和自己主观创造性、意蕴双重性的一种新的意义，从而在理解"文本"中理解人生和社会，实现自我精神世界的拓展和人生经验的增长。而教师作为对话者，重要的是启发引导学生和课文、和他人对话，教师应该成为学生对话活动的组织者、参与者，推动学生在对话实践中自我发现乃至自我实现。只有当对话是平等的、真诚的、合作的时候，学生才能够在开放自由的氛围中感受和想象，并获得体悟。文学作品教学的目的是让学生向文本敞开自己，使学生带着自己的全部生活经历、主观情感、生活方式介入文本，并且在与编者、教师、同学的相互碰撞、相互补充、相互促进中，发现和接受一个扩大了的自我，在建构文本的同时也建构自己。

二是要运用想象。文学作品不直接向学生灌输什么，而是借助形象去间接地传达什么，常常言在此而意在彼，在表达中留下空白。文学作品的教学中，就需要驱遣想象力去填补空白。在想象中，学生可以成为任何一种人，同时也可以经历各种奇遇，可以用种种不同的身份和角色去品尝生活的滋味，经历种种意想不到的或意料之中的事。在想象中，学生其实是预演了一场作品世界中的生存方式。对学生来说，阅读一部作品无异于进入了一个新的生命境界，获得了一个新的生存机会。在文学作品教学中，学生把作品里的人物当作自己来理解，把作品中所描述的事当成自己的经历来看待。所以，文学作品教学中的想象是一个自我发现、自我确证、自我肯定的过程，它总是将学生带入一个充满意志的自我世界，即自我的种种可能状态。学生对

人物的兴趣，也就是对自我的兴趣。社会学家会把阿Q当作流浪的雇农来看；心理学家会把阿Q当作轻度精神病患者来看；史学家会把阿Q当作辛亥革命的镜子来看。学生对阿Q的兴趣正是对自我的兴趣。学生可以成为水生嫂，从中发现自己的善解人意；成为林黛玉，发现自己的善良与纯洁；成为愚公，发现自己的执着与坚毅。学生也可以鄙视陆谦，审视自己是否有卑鄙和无耻的倾向；成为贾雨村，审视自己是否有圆滑与世故的特性；成为周朴园，审视自己是否有冷酷与虚伪的根性。于是，学生在趋同和批评、怜悯与反讽中觉悟，走向新的自我。

　　三是要体验感受。体验不同于经验。如果说经验是知识的积累，指向的是客观世界，那么体验则是价值的叩问，指向的是学生的精神世界。从根本上讲，文学作品教学活动是学生的一种生命的投入，是对文本的深层领悟和沉醉痴迷，它意味着两种视界的融合，意味着新的视界的生成。它不但是一种情感的宣泄，更是一种灵魂的唤醒，是一种生命的超越。文学作品教学不是对文本的"原意"的追索或还原，而是学生以自我的感性血肉之躯的各种感官去"触摸"、去品味、去探究、去发现，是调动全部生命力和融注全部人格的"整体震颤"。因此，学生的阅读与理解都将在阅读对象上打上自我的、鲜明的、个性的痕迹。他所感受到的是那些只有他自己才能感悟到的东西。他对文本的理解和发现，是自我灵魂的写照。不同的学生会生成各不相同的体验。哈姆雷特只有一个，但对每个学生来说，他永远是一个新奇的人物。这是因为学生"在一刹那与这个人物打成一片"，获得了"直截了当的、不可分割的感受"。[3] 也难怪鲁迅先生说，读《红楼梦》，"经学家看见《易》，道学家看见淫，才子看见缠绵，革命家看见排满，流言家看见宫闱秘事"。[4]

　　因此，也可以这么说，文学作品教学的目的就是让学生在对话中，以自我的体验为前提，经由想象达到"视界"的交融，并发现自我，认识自我，进而创造自我。

　　那么，我们将通过怎样的途径、采用怎样的方式，或者运用哪些具体的策略来达到这个目的呢？我们认为，最常见的有下面三种。

一、诵读体悟

关于诵读，经典的叙述很多。朱光潜很喜欢读李白的《经下邳圯桥怀张子房》，他"常常高声朗诵。朗诵时的心情是振奋的，仿佛满脸热血都沸腾起来了，特别是读到最后'唯见碧流水'四句，调子就震颤起来，胸襟也开阔起来，仿佛自己心中有无限的豪情胜慨，大有低回往复、依依不舍之意"。[5]这里朱光潜与李白的"视界"似乎已经融合在了一起，朱先生在发现李白的同时也发现了自己，进而任由"李白"改变着自己，完善着自己。朱先生"胸襟"的"开阔"和心中升起"无限的豪情胜慨"，正是在朱先生与李白的对话中，经由诵读体验，超越时空的界限，在想象中达到情与情的对接。

笔者曾经用诵读体悟的方法教读过《记念刘和珍君》的第一个句子："中华民国十五年三月二十五日，就是国立北京女子师范大学为十八日在段祺瑞执政府前遇害的刘和珍杨德群两君开追悼会的那一天，我独在礼堂外徘徊……"我们试着通过朗读比较来还原当时的情感，或者说通过复活句子所蕴含的情感来获取体验，达到自我与作者的心灵相遇。这个中间没有标点的长句客观上要求我们在朗读的时候需要一气贯注、一气呵成，所以我要求学生们在朗读那个长句的时候注意不要换气。之后，我让学生们谈谈朗读文章中那个长句后自己的感受。下面选择部分学生发言的实录片段加以分析。

  周飞燕：我读完这句话后，喘不过气来，而且简直是不能呼吸。我感到十分的压抑，悲痛和愤怒从心中升腾。
  虞丹萍：读这个句子的时候，我不能一气呵成，心中一股郁闷的压抑之气聚积起来，悲愤之情油然而生。开头点明"人民政府"残害人民，尤其给我一种愤恨交织的情感，窝

在我心里，仿佛顷刻之间就能爆发。

骆淼丽：我感觉，这句话读起来十分压抑、郁闷，有一种莫名的悲伤袭击我的心头，我在一开始就感受到了1926年3月18日的那种气氛：感受到了那种无奈与悲愤。

郭晶：尝试着深深地吸一口气，然后缓慢倾吐，当气将尽的时候，胸口太闷了，这居然就是当时鲁迅起始时的心情，大概这不是悲愤，而是出离悲痛了吧！我也就有了那种想一吐心中的话，便使劲地倾吐，却越发吐不出，越发觉得累的感觉。我通过朗读长句，还真的有点那时的味道了。

娄青青：第一次读这个句子，断断续续的，没有什么感觉，而连起来一口气读完，心中不觉慌闷起来，第三次读则更气闷，到第四次读有点愤懑了。

显然，这些同学通过朗读，运用情感的还原，似乎已经穿越了时空，走进了鲁迅的情感世界，在刹那间与作者相遇。通过朗读，大家似乎已经发现：这么一个共64个字的长句，读起来确实感到气闷，可以传达出一种沉重的、压抑的而又激烈的悲愤情绪，学生可以通过这种沉缓的节奏感受到鲁迅"欲言又忍"的悲愤感情，仿佛置身于哀乐低徊的悲怆情境之中。

对于这个句子，教师们在教学中往往会采用分析的方法，而分析是理性的，理性的分析往往会失去学生的感性的体验，如此，也就失去了来自学生内心深处的体悟和切身的感受。他们所得到的，只能是他们被动接受的，或者说只能是教师理解的移注。采用学生自己朗读的方式，则创造出的是对话的氛围，关注的是学生的体悟，指向的是学生对自我的发现。

二、填补空白

文学作品中,作者的语言,无论是状景、写人,还是叙事,都经常会出现表面残缺不全的语言"空白点"。面对作品中的"空白",读者会情不自禁地调动自己的知识结构与联想去加以填补。按照格式塔心理学,当"不完全"(留有空白的形)呈现于眼前时,会引起视觉中一种强烈追求"完整"的倾向,即会激起一股将它"补充"到应有的"完整"形状的冲动,从而使知觉的兴奋程度大大提高。换而言之,"空白"能够激活读者的心理冲动,让读者以自己的想象来填补,感受到一种创造的愉快。

《烛之武退秦师》一文中,烛之武如何答应郑文公的过程是一处关键性的"空白",在教读课文时,需要学生根据当时的情形展开合理的想象,设身处地地设想当时烛之武是如何"许之"的。所以,我要求学生在"许之"之前加上适当的修饰词,并简要地说说理由。下面是学生想象思考后的发言举例。

余慧萍:我认为在"许之"的前面应该加"思量再三",因为烛之武一开始就说:"臣之壮也,犹不如人;今老矣,无能为也已。"由壮年到老年,是一段十分漫长的过程,身为人才的他被埋没这么多年,对郑伯的埋怨并不浅,一个道歉是不可能尽释前嫌的。相反,他答应的主要原因是以国家利益为出发点,权衡再三,最终才做出了理智的选择。

其他还有"无奈许之""笑而许之""欣然许之""默然许之""微颔许之""谢许之"以及"强(qiǎng)许之"等。

这里,学生从自我的角度出发做了属于自己的合理想象,形成了个性化的理解。或者说,这是学生通过发现和建构作品的意义,也发现和建构了自己。学生不同的回答反映着学生不同的内心世界。在教学的过程中，教师不可以也不能够替代学生的理解和感悟，教师只能为学生与作品之间、学生与学生之间创设适当的情景，为学生展开想象获得体验提供条件，促使学生更深地进入情景，从而达到自我的发现。

三、比较鉴赏

文学作品各有所长，人物形象千姿百态。在比较中，学生可以更加深刻、更加全面地感受作品。在具体的教学过程中，我们往往可以运用下列方法。

1. 未定稿与写定稿的比较。我用自己在鲁迅作品教学中的两个例子来说明。在鲁迅的作品里，往往把标点当作一种特殊的语言。"鲁迅先生的创作实践充分说明他运用标点符号和其他符号，从来不把它们作为游离于作品之外的附属物、装饰品，而总是把它们作为作品语言的有机组成部分，把它们作为塑造人物、表现人物性格的有力手段。"[6]《从百草园到三味书屋》一文写到塾师寿镜吾先生读书时的语调：

"铁如意，指挥倜傥，一座皆惊呢～～；金叵罗，颠倒淋漓噫，千杯未醉嗬～～……。"

为了让学生更为真切地感受寿镜吾先生读书时的情状，我提供了本处的原文，即"铁如意，指挥倜傥，一座皆惊；金叵罗，颠倒淋漓，千杯未醉"。比较发现，写定稿除添加了三个语气词外，还挪用了波浪线作为表示声音颤动的符号。而正是这一象声号，把老塾师读书入神的摇头晃脑、心醉神迷的形态，刻画得栩栩如生；把寿老先生那颤颤巍巍、忽抑忽扬的念书声，摹写得如在耳畔。如此，鲁迅对自己童年时启蒙老师的美好回忆，可以在几个标点中见出，学生在刹那间也仿佛回到了那个特定的时代。

再举一例。在《阿Q正传》里有那么一个句子：

天色将黑，他睡眼蒙眬的在酒店门前出现了，他走进柜台，从腰间伸出手来，满把是银的和铜的（原稿为"钱"），在柜台上一扔说，"现钱！打酒来！"

学生通过比较，可以想见"银的和铜的"这几个字十分形象地描绘出碎银和铜钱混放在一起的情形，而"钱"字则显得太抽象，太缺乏表现力了。这"银的和铜的"充分证明了阿Q自从"中兴"之后，腰里确实有了几个钱。所以，他从城里回到未庄，由此而洋洋自得，也十分愿意在未庄人面前来显摆一番。于是，把"银的和铜的""在柜上一扔"，再配上"现钱！打酒来！"，学生似乎已经见到了一个踌躇满志的阿Q。

2. 同一题材作品比较。如在学习岑参的诗歌时，可以用高适的边塞诗进行比较，从中感受到高适诗中对戍边士卒的同情。

3. 同一标题作品的比较。我们可以把陆游和毛泽东的《卜算子·咏梅》进行比较，从中感受不同历史时期、不同处境下的作者的心境。

其他还有同一作家作品的比较、中外作品比较等，这里就不再展开。

除此之外，还可以通过点评交流、书话辩论，甚至文学创作等形式使学生与作者、与作品、与自己对话。

总之，不管运用什么途径，采取何种方式，只要能够让学生放飞想象，获取体验，形成对话，达成"我"与"你"的交融，就都是好方法。

注释

[1]卡西尔.人论[M].甘阳,译.上海:上海译文出版社,1985:8.
[2]王尚文.中学语文教学研究[M].北京:高等教育出版社,2002:131.
[3]曹明海.文学解读学导论[M].北京:人民文学出版社,1997:60.
[4]鲁迅.集外集拾遗补编〈泽洞花〉小引[A]//鲁迅.鲁迅全集:第8卷[M].北京:人民教育出版社,1981:145.
[5]曹明海.文学解读学导论[M].北京:人民文学出版社,1997:49.
[6]张向群.鲁迅语言中的非语言符号艺术[J].陕西师范大学学报(哲学社会科学版),1997,(1):75-79.

获浙江省"学科教学渗透思想道德教育"论文评比一等奖,2006年4月

文学作品教学的切入口探微

再谈形式和内容的关系，似乎有点不合时宜，或者说，这个问题似乎已成定论，即内容决定形式，形式依赖于内容。有关的论述文章简直俯拾皆是。对文学作品的论断当然也不例外。然而，笔者认为，对言语作品来说，尤其是对文学作品来说，二者的关系非但并非如此，而极可能恰恰相反。

文学是语言的艺术，是作者把心中的某种审美情感或者对世界的某种看法通过语言这一媒介而外显的一种物化的形态。其描写的内容（即"写的是什么"）并不重要，它仅仅是艺术的假托而已，或者说是构成这一物化形态的"素材"罢了。对于文学作品来说，其所有的内容其实已经转化为形式了。杜威说："在成果中，方式与内涵、形式与内容之间是没有区别的，只是浑然无间。"[1]可以这么说，文学作品除形式之外无内容，是形式创造了内容，形式就是一切，形式也就是内容。下面试着从四个方面做些阐述。

一、形式规定内容

海德格尔说："形式这里意味着在一定空间位置中各质料部分的分配和安排，使之成为一特殊的形态。"[2]这正如飞机的形式规定了其质料的轻而耐磨一样，"形式作为形态，此处并非是质料先验分配的结果。相反，形式决定了质料的安排"。[3]例如，词，作为一种文学样式，便是一种配合音乐的文学，它本为歌唱而作。词调规定着一首词的音乐腔调，同时也规定着要表达的情感。杨万里在《作词五

要》中说："作词，第一要择腔。腔不韵，则勿作。如《塞翁吟》之衰飒……第四要详韵。如越调《水龙吟》、商调《二郎神》，皆用平入声韵。"[4] 他所说的"腔"和"韵"就是词的形式，它规定了作词时质料的选择和安排。如《满江红》《水调歌头》一类词调，声情都是激越雄壮的，它规定了本词不能写一些婉约柔情的内容；《小重山》《一剪梅》等词调是细腻轻扬的，它规定了本词不能写豪放激越的内容。作品要表达何种情感，必须和某种特定的词调相配合，这样这首词才能达到它的音乐效果。当然，格律诗也如此，这里不再展开。

二、形式见出内容

洪堡特说："没有一种思维，即使是最纯的，能不借助我们一般的感性形式而进行，只有在这些感性形式中我们才能理解和把握住思维。"[5] 对于言语作品来说，只有从言语的形式中才能见出言语的内容。下面以杜甫的《闻官军收河南河北》为例，分析是如何从诗歌的言语形式中见出言语的内容的。

剑外忽传收蓟北，初闻涕泪满衣裳。却看妻子愁何在，漫卷诗书喜欲狂。
白日放歌须纵酒，青春作伴好还乡。即从巴峡穿巫峡，便下襄阳向洛阳。

全诗意象明朗，叙述直落，无一丝曲折与晦涩；一串动词，顺势而下，一气流注，节奏明快。词词简洁单一，无言外之意，句句道出惊喜，绝无半点矫饰。再从意象的组合来看，既非对立，也无转折，前后意象连贯流畅，构成极具张力的线性结构。

从诗歌的形式结构中，我们不难读出诗歌所对应的内容：

欢快的情绪从那如江河奔腾一泻千里之势中见出，惊喜的激情亦在诗歌的纵向结构中见出。

三、形式实现内容

　　著名心理学家维果茨基说:"思维不是在言语中表现出来的,而是在言语中实现出来的。"[6] 思维和言语的关系也就是言语作品与内容的关系,这里的"实现"是指随着言语形式的逐步完成,言语的内容也随之成为现实。相传,明朝才子祝枝山某日被邀参加一大户人家的寿宴,出席者都知道祝枝山乃江南有名的才子,于是纷纷提议祝枝山当场作诗为寿。祝枝山见众人如此抬举自己,也不推辞。笔墨一到,开首一句便是"这个女人不是人",老寿星脸上顿生愠色,众人一见,亦皆怒目相向。刚欲动口,只见他"唰唰"几笔写下"九天玄女下凡尘"。老寿星的脸上立即绽出笑容,众人也长嘘了一口气,马上转怒为喜,众口称"妙"。余音未落,祝枝山又落下一句"生个儿子是个贼",众人霎时变色,心中思量:这祝枝山好大的胆,竟敢在这喜庆的日子大放厥词,遭打!不过,他号称"江南才子",且看他如何收场。正想间,"偷得蟠桃献母亲"一句已赫然在目。全诗落成,众人啧啧称"奇",老寿星更是笑得合不拢嘴,子女们也乐得做"贼",寿堂上一派喜气。

　　整首诗要表现的是祝寿,然而,只有当第二句完成的时候,称赞老寿星的内容才从这前十四个字中实现。但写完第三句似乎又违背了祝寿的原旨,于是,只有第四句的完成才把内容拉回。这个故事充满了谐趣,我们可以在似贬实褒,否定与肯定这样的言语形式之间看出:言语的内容是在言语形式的线性展现中才逐步地得以实现的。

四、形式创造内容

  同一客观的言语对象，经由不同的言语形式，能创造出不同的言语内容。"逸马杀犬于道"是一个极其简单的现象，欧阳修和他的朋友们都看见了，可是他们表述的言语形式却不尽相同：（1）马逸，有犬死于其下。（2）有犬死奔马之下。（3）适有逸马践死一犬。（4）有犬卧通衢，逸马蹄而毙之。[7]因为词语具有强烈的感情色彩，使用哪一个词，或者说选择一些符合自己的想法的词，便可折射出人们不同的心理状态和思想感情，标示出不同的人对同一事物的不同感受。也就是说，四人因运用了词语的不同形式而分别创造了与欧阳修迥然不同的内容。这就说明了，怎样的言语形式能创造出怎样的内容。

  王尚文老师曾在课堂上讲到过这么一个例子。他说："在窃国大盗袁世凯去世的时候，有人送来一副对联，上联是'袁世凯千古'，下联是'中华民国万岁'。既然是对联，就需要上下联对称，即'袁世凯'对'中华民国'，'千古'对'万岁'。这副对联妙就妙在上下联的不对称上，三个字'袁世凯'对不起'中华民国'这四个字。在这里，对联的言语形式变成了言语的内容，或者说这种对联的形式创造了内容——正是这不对称道出了大众的心声：袁世凯对不起中华民国！"这个例子更加凸显了形式的神奇魅力，令人击节称奇。

  既然形式就是内容，内容在形式的实现中见出，那么我们在文学作品的教学中就应该以形式作为切入口，在对形式结构的分析中，深入挖掘作品的内容，即作品所蕴含的作家的心理、情感以及对社会的态度等内容。语文课中有大量的文学作品，笔者不希望看到语文课变成离开形式讲内容的政治思想课，也不愿看到语文课成了离开内容而讲形式的空洞说教。"内容的理解只是手段，让学生通过理解内容，从而获得形式运用的规律及言语本身，才是语文教育真正目的之所在。"[8]新《普通高中语文课程标准》也十分强调让学生自己去感受作品优美的语言,去"品味语言,体会其艺术表现力"。[9]换言之,语文课,尤其是文学作品的教学,不但要让学生体会感悟作品的内涵,更重要的是要让学生通过形式来把握内容,在"怎么说"中,去感受、体悟、理解作者寄寓在形式中的思想、意图与目的。也就是说,学生只有在学习"怎么说"(言语形式)中才能学会"说自己"(言语内容)。唯其如此,文学作品的教学才可以说是发挥了其作为文学的功能,学生的语文素养才会有实质性的提高。

注释

[1]伍蠡甫,胡经之.西方文艺理论名著选编:下卷[C].北京:北京大学出版社,1987-3:15.
[2][3]海德格尔.诗·语言·思[M].彭富春,译.北京:文化艺术出版社,1991:30-31.
[4]卓人月.古今词统[M].沈阳:辽宁教育出版社,2000-1:35.
[5]洪堡特.语言与人类精神[M].钱敏汝,译.北京:北京师范大学出版社,1997:1.
[6]王尚文.语感论(修订本)[M].上海:上海教育出版社,2006-1:252.
[7]王尚文.语感论(修订本)[M].上海:上海教育出版社,2006-1:254.
[8]曾洁.立足形式有机统一[J].中学语文教学,2002(12):11-12.
[9]中华人民共和国教育部.普通高中语文课程标准(实验)[S].北京:人民教育出版社,2003:8.

咬文嚼字：培养语文意识的台阶

王尚文教授十分强调语文意识在语文教学中的重要作用。他把语文意识定义为"对如何运用语言文字的自觉关注"。[1]他指出，"语文意识关注的是言语本身的物质存在，就是要认真听听它的声音，辨辨它的色彩，掂掂它的分量，摸摸它的'体温'，把它摆在它和整体的关系中，摆在它和语境的关系中反复审视、掂量、咀嚼、玩味，从这里出发走上正确的语文学习之路"。[2]他认为，"如果我们有自觉的语文意识"，学习语文"多半就有事半功倍之效"。[3]然而，这种自觉的语文意识不是天生就有的，而是要通过后天对语言文字运用的"尖锐的敏感，极端的谨严，和极艰苦的挣扎"[4]而渐渐获得的。换句话说，培养自觉的语文意识，第一要著是培养对运用语言文字的自觉关注的意识，即对听、读、说、写的自觉的关注意识。因此，在语文教学中，我们就无法回避对文章的言语形式的主动关注，对文章"是怎么说的"的关注，并"反复审视、掂量、咀嚼、玩味"作者为什么要这样说，而不是那样说。所以，对文章言语形式的斟酌、咀嚼是培养语文意识的第一级台阶。

朱光潜先生在谈到文学与语言的关系时，也有这么一段耐人寻味的话："从前我看文学作品，摄引注意力的是一般人所说的内容……近年来我的习惯几已完全改过。一篇文学作品到了手，我第一步就留心它的语文。如果它在这方面有毛病，我对它的情感就冷淡了好些。我并非要求美丽的辞藻，存心装饰的文章甚至使我嫌恶；我所要求的是语文的精确妥帖，心里所要说的与手里所写出来的完全一致，不含糊，也不夸张，最适当的字句安排在最适当的位置。那一句话只有那一个说法，稍加增减更动，便不是那么一回事。"[5]朱先生所说的"语文"表面上是指语言文字,实际上是指语言文字的运用及其结果。换言之,他注意的是作者如何运用语言,即注意到了言语形式,他所要通向语言深处的途径也就是"咬文嚼字"和"字斟句酌"。

而大师的经典修改范例恰恰就是我们"咬文嚼字"和"字斟句酌"的最好教材。鲁迅先生在《不应该那么写》中讲道:"凡是已有定评的大作家,他的作品,全部就说明着'应该怎样写'。只是读者很不容易看出,也就不能领悟。因为在学习者一方面,是必须知道了'不应该那么写',这才会明白原来'应该这么写'的。这'不应该那么写',如何知道呢?惠列赛耶夫的《果戈理研究》第六章里,答复着这问题——'应该这么写',必须从大作家们的完成了的作品去领会。那么,'不应该那么写'这一面,恐怕最好是从那同一作品的未定稿本去学习了。在这里,简直好像艺术家在对我们用实物教授。恰如他指着每一行,直接对我们这样说——'你看——哪',这是应该删去的。这要缩短,这要改作,因为不自然了。在这里,还得加些渲染,使形象更加显豁些,这确是极有益处的学习法。"[6]其实,鲁迅先生的手稿及他亲手改定的实例,就是我们学习的典范。

在课堂教学中,我们可以通过仔细地"审视、掂量、咀嚼、玩味"鲁迅先生的每一次删改,从中体会鲁迅先生运用语言文字的妙处,以此引发许多启示,逐渐养成自觉的语文意识。

打开鲁迅的手稿,就可以看出他修改的范围十分的宽广。远远不止他所说的"写完后至少看两遍,竭力将可有可无的字、句、段删去,毫不可惜"[7]和"自己觉得拗口的,就增删几个字,一定要它读得顺口"[8]。在他的手稿中,修改大致包含着下列几个方面:标点符号的匠心独运、字词句子的精心锤炼、表达方式的适当变换、内容意旨的补充深化,等等。下面笔者就以被编入教材的鲁迅作品中的修改实例为例子,做一番"审视、掂量、咀嚼、玩味",同时给广大师生做教学上的参考。

一、标点符号的匠心独运

标点符号对鲁迅来说是一件新的事物,由于引进的时间不长、用法不一,就更引起鲁迅的特别注意。由此,鲁迅把标点当作一种特殊的语言。"鲁迅先生在创作实践中运用标点符号和其他符号,从来不把它们作为游离于作品之外的附属物、装饰品,而总是把它们作为作品语言的有机组成部分,把它们作为塑造人物、表现人物性格的有力手段。"[9]

(1)铁如意,指挥倜傥,一座皆惊呢~~;金叵罗,颠倒淋漓噫,千杯未醉嗬~~……。(《从百草园到三味书屋》)

这里写的是鲁迅的塾师寿镜吾先生读书时的语调。原文是:"铁如意,指挥倜傥,一座皆惊;金叵罗,颠倒淋漓,千杯未醉。"鲁迅除添加了三个语气词外,还挪用了波浪线作为表示声音颤动的符号。而正是这一象声号,把老塾师读书入神的摇头晃脑、心醉神迷的形态,刻画得栩栩如生;把寿老先生那颤颤巍巍、忽抑忽扬的念书声,摹写得如在耳畔。

作者使用象声号形容声音的摇曳、颤动、抑扬、延长时,它的视觉性、它的动态感,这样出色的艺术效果是其他标点符号难以达到的。恐怕正是看中了这一点,鲁迅才在作品中使用这一符号吧。

二、字词句子的精心锤炼

（2）而且很胆怯，不独怕黑夜，怕黑影，即使看见人，虽是自己的主人，也总（删去"是"）惴惴的，有如在白天出穴游行的小鼠；……（《祝福》）

这个"是"看似有用，实则多余。鲁迅先生把"是"删去，可能是出于上下文连贯性的思考，避免和上句的"是"的重复。可见，鲁迅先生对于词语运用的"精确妥帖"，连一个字也不放过。

（3）小D也将辫子盘在头顶上了，而且也（增添"居然"）用一枝竹筷。阿Q万料不到他也敢这么做，自己也决不准他这样做！（《阿Q正传》）

小D是阿Q最看不起的人物之一，他竟敢这样亦步亦趋地仿效起自己，在阿Q看来这是大逆不道的。加上"居然"表示出小D的盘辫子的行动很是出乎阿Q的意料之外。这一修改更加吻合阿Q的语气和心态。

（4）双喜终于熬不住了，说道，怕他会唱到天明（原为"明天"）还不完，还是我们走的好吧。（《社戏》）

这里语素次序的调整直接影响了词义。"天明"就是天亮时分，"明天"所指的时间是次日的全天，不及"天明"明确具体。这是双喜在看夜戏时听老旦唱得烦腻时说的话，根据语境，我们可以断定他要说的是老旦唱到天亮时分还唱不完，不如回去。所以，改为"天明"应该更为合适。

（5）天色将黑，他睡眼蒙眬的在酒店门前出现了，他走进柜台，从腰间伸出手来，满把是银的和铜的（原为"钱"），在柜台上一扔说，"现钱！打酒来！"（《阿Q正传》）

"银的和铜的"这几个字十分形象地描绘出碎银和铜钱混放在一起的情形。"钱"显得太抽象，缺乏表现力。这"银的和铜的"充分证明了阿Q自从"中兴"之后，腰里确实有了几个钱。所以，他从城里回到未庄，由此而洋洋自得，也十分愿意在未庄人面前来显摆一番。于是，他把"银的和铜的""在柜上一扔"，再配上"现钱！打酒来！"，回到未庄踌躇满志的阿Q活现在了纸上。

（6）他正在厨房里，紫色的圆脸，头戴一顶小毡帽，颈上套一个明晃晃的银项圈（原为"银圈"）。（《故乡》）

"银项圈"和"银圈"是一对近义词，大致看起来，好像意义都差不多，但仔细推敲，其实它们适用的范围是不同的。"银项圈"特指江南一带儿童佩戴在颈项的饰物，而"银圈"所指的内容宽泛得多。这样一改，用词的指向性就变得非常明确了。足见鲁迅先生在用词方面考虑得周到全面，也充分体现出他选词和用词的准确性。

（7）大概是物以希为贵罢。北京的白菜运往（原为"一到"）浙江，便用红头绳系住菜根，倒挂在水果店头，尊为"胶菜"；福建野生着的芦荟，一到（原为"运往"）北京就请进温室，且美其名曰"龙舌兰"。（《藤野先生》）

这个句子中，初看只是"运往"与"一到"交换了一下位置。其实，这前后一交换，意义的"轻重缓急"就大相径庭了。"运往"只是一般的叙述，"分量"较轻。而"一到"则是指刚刚到达的那一瞬间，更富于表现力，因而"分量"较重。在一般的句法系统中，往往把意义"分量"较重的放在后面。而根据文章具体的语境，鲁迅先生也是要强调"我"的"物以希为贵"。这样一改，就突出了重点。可见，鲁迅先生在如何运用语言上是一点也不马虎的。

三、表达方式的适当变换

　　（8）这一场"龙虎斗"似乎并无胜败，也不知道看的人可满足（原为"看的人也似乎不很满足"），都没有发什么议论，而阿Q却仍然没有人来叫他做短工。（《阿Q正传》）

　　这里是将陈述句改成为疑问句。一是为了避免与上句中的"似乎"重复，二是为了与下文更好地连接。因为看这场"龙虎斗"的人"都没有发什么议论"，正是"不知道看的人可满足"的注脚。如果看的人得到了满足，一定会有一番叫好和议论。这样写也是对那些"看的人"的精神病态的一种嘲讽。

　　（9）现在呢，你和你的第二个男人过活（原为"作人家"）不到两年，倒落了一件大罪名。（《祝福》）

　　"作人家"是绍兴的方言词，意思是夫妻双方共同生活、过日子。为避免用生僻的土语，改为普通话的词"过活"，这样就可以让所有的人都能理解其含义。虽然，方言会自然地流露在作者的笔端，但鲁迅先生还是注意到了语言运用的普适性，尽量让自己的文字大众化。

四、内容意旨的补充深化

（10）接着就印《朝花旬刊》，印《近代世界短篇小说集》，印《艺苑朝华》，算都在循着这条线，只有其中的一本《蕗谷虹儿画选》，是为了扫荡上海滩上的"艺术家"，（增添"即戳穿叶灵凤这纸老虎"）而印的。（《为了忘却的记念》）

补充"即戳穿叶灵凤这纸老虎"是具体解释"扫荡上海滩上的'艺术家'"，进一步说明了印画选的目的，这样表达更显露锋芒。加上这一句，显然是为了强调自己批评的针对性和明确性。

（11）做工的人，傍午傍晚散了工，每每花四文铜钱买一碗酒，——这是二十多年前的事，现在每碗要涨到十文——靠柜外站着，热热的喝了休息；倘肯多花一文，便可以买一碟盐煮笋，或者茴香豆，做下酒物了，（增加"如果出到十几文，那就能买一样荤菜，"）但这些顾客，多是短衣帮，大抵没有这样阔绰。（《孔乙己》）

增加"如果出到十几文，那就能买一样荤菜，"是为了说明这是"长衣帮"们的事，而"短衣帮"们则没有这样的"阔绰"。这句话正好为后文出现的"孔乙己是站着喝酒而穿长衫的唯一的人"做铺垫。

这些修改的实例仅仅是鲁迅手稿中的"一斑"，其修改内容之多、范围之广、用功之深、发现之敏的地方，真是不胜枚举。而他为什么要做这样的修改，上文的分析也只是一管之见。这里我们仅仅是把它作为咬文嚼字的典型例子而已。既然，大师在语言运用的过程中都做了"尖锐的敏感，极端的谨严，和极艰苦的挣扎"，那么，我们在走向语言的途中就更应该进行认真的"听听它的声音，辨辨它的色彩，掂掂它的分量，摸摸它的'体温'"。在"听""辨""掂""摸"的过程中，逐渐培养学生对如何运用语言文字的自觉关注的意识。

注释

[1][2][3]王尚文."语文意识"：语文教学的阶梯[J].语文学习，2003（5）．

[4][5]朱光潜.谈美·谈文学[M].北京：人民文学出版社，1988：201．

[6]鲁迅.且介亭杂文二集[M]//鲁迅.鲁迅全集：第6卷.北京：人民文学出版社，1981．

[7]鲁迅.二心集·答北斗杂志社问[M]//鲁迅.鲁迅全集：第4卷.北京：人民文学出版社，1981．

[8]鲁迅.南腔北调集·我怎么做起小说来[M]//鲁迅.鲁迅全集：第4卷.北京：人民文学出版社，1981．

[9]张向群.鲁迅语言中的非语言符号艺术[J].陕西师范大学学报（哲学社会科学版），1997（1）．

发表于《语文教学与研究》，2004年第1期，第46-47页

文学作品教学的本体意义追寻

文学通过塑造形象，通过描绘人物命运与人物关系，来揭示社会的某些本质方面，揭示历史发展的规律，从而加深读者对生活的理解。教师通过文学作品的教学，可以增进学生对自然、生活、历史知识的了解，使他们的视野变得开阔。从鲁迅的《药》中可以看出辛亥革命的不彻底性，《祥林嫂》则可以帮助我们认识女性悲剧的深层原因。但更重要的是，文学对一切外部世界的描绘最终都是为了人。人是文学作品所要反映和表现的最重要的内容。人才是文学的目的。在文学作品的教学中，作为人的学生会不自觉地受到作品中的人物形象的心灵的渗透，甚至被他们的思想情感、道德情操和人格信念所影响。卡西尔说过："人被宣称为应当是不断探究他自身的存在物——一个在他生存的每时每刻都必须查问和审视他的生存状况的存在物。"[1] 就文学作品的教学来说，就是指学生会在文学作品的人物身上去审视自我、反观自我，进而发现自我、把握自我，深化对人自身灵魂与人性的了解。

文学以情动人，并且在情感中熔铸理性，所以文学作品中包含着对生命价值与意义的追寻。文学作品正是通过反映人与外部世界的关系、思索人与外部世界的关系，通过自己的价值评判，通过自己的情感态度，来追寻人生的意义。难怪法朗士说："读文学作品是一种灵魂的探险。"那么，对文学作品教学也可以这么说，它是师生借助于课堂这种组织形式，获得自我心灵的独特情感体验和对人生意义追寻的一次探险。

文学作品的教学，要从品味语言、揣摩语言入手，通过品味语言，运用形象思维再现形象，让形象在学生头脑中逐渐"复活"，触动学生的情感，使之渐入佳境，沉浸于作者所创造的艺术世界里，由此来把握作者情思，获得审美体验。刘勰《文心雕龙》说的"缀文者情动而辞发，观文者披文以入情"就是这个道理。如马致远的《天净沙·秋思》中"枯藤老树昏鸦，小桥流水人家，古道西风瘦马，夕阳西下，断肠人在天涯。"首句中"枯藤"二字，一旦构成干枯藤枝的形象，就有了其所蕴含的丰富的含义：或喻示着寒冷冬季的到来，或象征着生命的枯竭，或显示生命的顽强，或借其昏暗的色调表达郁闷，或陈述孤独无奈的情怀。而一旦它置于"枯藤老树昏鸦"的意境之中，就构成了一种衰败的景象，情感基调则是一个"凄"字，联系全诗，不难想象诗歌中所蕴含着的那种悲秋情结。

由此可见，想象是走向自我的必要途径。文学作品不直接向学生灌输什么，而是借助形象去间接地传达什么，常常言在此而意在彼，在表达中留下空白，这就需要驱遣想象力去填补空白。在文学作品教学中，我们神思飞扬，"思接千载""视通万里"（刘勰）。我们可以成为任何一种人，同时也可以经历各种奇遇。我们在想象中可以用种种不同的身份和角色去品尝生活的滋味，经历种种意想不到的或意料之中的事。虽然所有这一切都发生在想象的世界里，但是这种想象性的经验已足以帮助我们思考现实的和可能的自我，并为我们重塑自我提供勇气和信心。

在想象中，学生其实是通过作品世界体验了不同的生存方式。对学生来说，阅读一部作品无异于进入了一个新的生命境界，获得了一个新的生存机会。在文学作品教学中，学生把作品里的人物当作自己来理解，把作品中所描述的事当成自己的经历来看待。所以，文学作品教学中的想象便不是关于对象知识的重构，也不是漫无边际的胡思乱想，而是一个自我发现、自我确证、自我肯定的过程，它总是将学生带入一个充满意志的自我世界，即自我的种种可能状态。如果说情感永远是自我的情感，是自我的发现、确证和肯定，那么想象便是自我的自由展开。正是在想象中，学生把自我分解为无数个可能的情感和欲望，让他们在无限的心理空间中聚散、碰撞、裂变，直到完成新的自我。从这个意义上说，文学作品教学已成为学生的一种始终充满新意的生存方式，它不断将学生导向觉悟——对自我的种种可能性的觉悟。学生可以成为水生嫂，从中发现自己的善解人意；成为林黛玉，发现自己的善良与纯洁；成为愚公，发现自己的执着与坚毅。学生也可以成为阿巴贡，审视自己是否有吝啬和贪婪的倾向；成为贾雨村，审视自己是否有圆滑与世故的本性；成为周朴园，审视自己是否有冷酷与虚伪的根性。于是，学生在趋同和批评、怜悯与反讽中觉悟，走向新的自我。

体验是走向自我的必要前提。体验是意义的瞬间生成。体验不同于经验。如果说经验是知识的积累，指向的是客观世界，那么体验则是价值的叩问，指向的是学生的精神世界。从根本上讲，文学作品教学活动是学生的一种生命的投入，是对文本的深层领悟和沉醉痴迷，它意味着两种视界的融合，意味着新的视界的生成。这不但是一种情感的宣泄，更是一种灵魂的唤醒，是一种生命的超越。

文学作品教学不是对文本的"原意"的追索或还原，而是学生以自我的感性血肉之躯的各种感官去"触摸"、去品味、去探究、去发现，是调动全部生命力和融注全部人格的"整体震颤"。因此，学生的阅读与理解都将在阅读对象上打上自我的、鲜明的、个性的痕迹。他所感受到的是那些只有他自己才能感悟到的东西。他对文本的理解和发现，是自我灵魂的写照，是对世界、对人生存在方式的一种透视，是学生生命意义的一种投射和昭示。不同的学生生成各不相同的体验。一个哈姆雷特可以演变成为成千上万个哈姆雷特，便是如此。哈姆雷特只有一个，但对每个学生来说，他永远是一个新奇的人物。这是因为学生"在一刹那与这个人物打成一片"，获得了"直截了当的、不可分割的感受"。[2] 也难怪鲁迅先生说，读《红楼梦》，"经学家看见《易》，道学家看见淫，才子看见缠绵，革命家看见排满，流言家看见宫闱秘事"。[3] 他并结合自己的作品在读者中的反应说："我的小说出版之后，首先收到的是一个青年批评家的谴责；后来，也有以为是病的，也有以为滑稽的，也有以为讽刺的；或者还以为冷嘲，至于使我也要疑心自己的心里藏着可怕的冰块。然而,我又想,看人生是因作者不同,看作品又因读者而不同,那么,这一篇在毫无'我们的传统思想'的俄国读者的眼中,也许又会照见别样的情景的罢,这实在是使我觉得很有意味的。"[4]

在文学作品教学中,学生除了发现和认识世界之外,更重要的是把自我置身于文学作品教学的意义中去,并带上自我的印记。伽达默尔指出:"当我们解读一本书,我们并不会忘掉有关内容的先前含义以及我们自己的想法,我们对作品意义总是开放的。但是,这种开放性总是我们在自己含义和整体关系中放置某个意义。"[5]换句话说,阅读不仅仅是学生对世界的探究,也是学生存在的基本方式。文学作品教学的真正兴趣在于自我,在于发现自我。

对话是走向自我的必要态度。"对话"是实现学生视界与"文本"视界融合的途径。在文学作品教学中,学生与"文本"之间不是传统认识中的那种生硬的、对象性的主客关系,而是一种意义关系,是一种"我"与"你"之间的对话关系。文本不是一个客观对象,而更像对话中的另一个人。"阅读是两个主体的相遇相知,即对话。"[6]在文学作品教学活动中,学生以自己的"现实"视界为出发点,是一种不断以新的视界取代学生原初视界的过程。学生总是从自己的"前理解"视界出发,来理解文本、发现自我,实现自己的"现实"视界与"文本"视界的融合。这一新的视界,既包含了学生的原初视界和"文本"视界,又超越了这两个视界,并给新的经验和新的理解提供了可能性。学生在这种"视界融合"中,生发出一种既不属于"文本"的客观意义,又不完全属于自己原有精神世界的主观意义,而是带有"文本"的客观意义和自己主观创造性意蕴双重性的一种新的意义,从而在理解"文本"中理解人生和社会,实现自我精神世界的拓展和人生经验的增长。

文学作品教学的目的不是要把有限的理解力凌驾于文本之上,而是向文本敞开自己。学生带着自己的全部生活经历、主观情感、生活方式介入文本,从中接受和发现一个扩大了的自我,在建构文本的同时也在建构自己。朱光潜很喜欢读李白的《经下邳圯桥怀张子房》，他"常常高声朗诵。朗诵时的心情是振奋的，仿佛满脸热血都沸腾起来了，特别是读到最后'唯见碧流水'四句，调子就震颤起来，胸襟也开阔起来，仿佛自己心中有无限的豪情胜慨，大有低徊往复、依依不舍之意。"[7]这里朱光潜谈的就是主体间的"视界融合"，达到这种境界，学生会在发现自我的同时，也达到自我与世界的融合，进而改变自己，完善自我，美化灵魂。同样，学生对人物的兴趣，也就是对自我的兴趣。社会学家会把阿Q当作流浪的雇农来看，心理学家会把阿Q当作轻度精神病患者来看，史学家会把阿Q当作辛亥革命的镜子来看。学生对阿Q的兴趣正是对自我的兴趣。

因此，文学作品教学也可以表述为：学生以自我的体验为前提，经由想象达到"视界融合"，并在对话中发现自我、认识自我、创造自我。可以这么说，文学作品教学也是学生的一种自我表现，更是一种自我的发现。这也正是文学作品教学的本体意义之所在。

注释

[1]卡西尔.人论[M].甘阳，译.上海：上海译文出版社，1985：8.
[2]曹明海.文学解读学导论[M].北京：人民文学出版社，1997：60.
[3]鲁迅.集外集拾遗补编《洋洞花》小引[A]//鲁迅.鲁迅全集：第8卷[M].北京：人民教育出版社，1981：145.
[4]鲁迅.俄译本《阿Q正传》序著者自叙传略[A]//鲁迅.鲁迅全集：第7卷[M].北京：人民教育出版社，1981：78.
[5]伽达默尔.真理与方法哲学解释学的基本特征[M].王才勇，译.沈阳：辽宁人民出版社，1987：238-240.
[6]王尚文.中学语文教学研究[M].北京：高等教育出版社，2002：131.
[7]曹明海.文学解读学导论[M].北京：人民文学出版社，1997：49.

走近真实的鲁迅
——深化中学鲁迅作品教学的思考

  鲁迅作品是中学语文教学中的一个不可忽视的存在，一直以来被作为典范安排在中学语文教材之中，鲁迅作品中深邃的思想内涵、独特的艺术风格以及随之散发出来的人格魅力，对于中学生提高思想认识水平、培养言语能力和形成健全人格都有着十分重要的意义。但是，由于我们对鲁迅的认识还存有很多的误区，中学鲁迅作品教学始终没有让学生走近真实的鲁迅，反而导致了对鲁迅及其作品的许多误解。过去，我们把鲁迅誉为战士，把他捧上神坛，人为地拉开了鲁迅与学生的距离，并以此带来了鲁迅作品理解的政治化偏向以及教学方法的机械化倾向，形成了一个"被神化了"的鲁迅。现在，在后现代思潮影响之下，出现了对鲁迅本体的消解和对其作品意义不确定性与模糊性的解读。更为严重的是，应试教育之下的鲁迅作品俨然成为训练文法的极好"材料"，一个"被肢解了"的鲁迅的形象形成了。然而，真实的鲁迅只有一个。鲁迅思想的核心内容是"立人"，人文精神是鲁迅精神的实质。如果我们要让学生头脑中形成一个可亲、可近的作为凡人的鲁迅形象，进而形成一个可爱、可敬的作为伟人的鲁迅形象，那么我们就必须更新对鲁迅的传统理解和过度诠释以及由此带来的不正确的解读方法。

  本节针对当今中学鲁迅作品教学中存在的几个误区，围绕鲁迅作品的特点，集中讨论鲁迅作品怎么学和怎么教的问题，笔者认为小说教学要紧扣对灵魂的"透视"与"立人"的意识，杂文教学要抓住诗情的内核和思辨的方式，散文教学要切中诗意的情感和审美的构造，并试图在教材内容、教学主体和教学方法三个层面寻求对策，以期走近真实的鲁迅。

一、解读鲁迅的艰难

综观整个中学语文教学，鲁迅作品是一个无法绕过的话题，这不仅仅是因为鲁迅作品在中学语文教材中被收录得最多，也不仅仅是因为鲁迅作品作为经典的文学价值，最重要的是鲁迅作品中所蕴含的无尽人文资源和其中散发出来的特立独行的人格魅力。因此，鲁迅作品的教学应当引起我们的高度重视。然而，从教学的现状来看，教师们往往会陷入解读鲁迅的误区。

（一）从教学主体上看，表现为师生与鲁迅之"隔"难以消解

鲁迅是一部大书，具有终身研读的内涵。但是，当今的广大语文教师大都持有的是经受了学生时代政治化、社会学角度阐释的鲁迅观。同时，在工作之余也不能、不会甚至不愿去尽可能多地阅读鲁迅原著。而鲁迅作品不是那种一读就懂、一放就忘的浅显之作，它经得起反复揣摩。由于鲁迅作品特有的深刻性，教师只有调动自己所有的文史知识、生活阅历和文学修养，认真地阅读原著，才有可能感受到一个真实的鲁迅。而这些恰恰是当今的语文教师所欠缺的。因此，大多数教师对鲁迅是"隔膜"的，他们对鲁迅作品的认识仍停留在"是课文"的被动状态上，而不是"用课文"的主动状态上。于是，在鲁迅作品教学中就体现在对《教学参考书》的依赖上，多是照"参"宣科，很难有自己的见解；而当遇到学生有标新立异之说时，就强以"标准答案"对其加以评判了。

当今的中学生，与近一个世纪以前的历史背景、文本语境与文体等方面也存在着"隔膜"，再加上鲁迅作品叙事风格的多重变幻，于是认为鲁迅作品深奥难懂，这也就构成了中学生反感鲁迅的理由。鲁迅生活在动荡不安的时代，国家几度濒临危亡，可同时这个时代也英雄辈出。1903年，鲁迅留学日本的时候，就带头剪掉辫子，而且在

《自题小像》诗中表示"我以我血荐轩辕",之后,他无论是"弃医从文"办杂志、搞翻译,还是写小说、攻杂文,无不与国家安危和民族利益相联系。由此,在他去世以后,人们用"民族魂"来表达对他的评价。可是,我们活在一个讲"经济"、讲"实惠"的时代,今天的大多数人面对的更多的是物质条件的诱惑,年轻人更崇尚的是"能赚会花"。如此这般,"读不懂"鲁迅,"不理解"鲁迅,也就成为"情理"之中的事了。

(二)从教学目的上看,表现为人文性与工具性缺乏有机的融合

鲁迅的作品中蕴含着丰富的人文资源,人文精神是鲁迅精神的实质。培养具有人文精神的新一代也是我们教育的终极目标,所以中学鲁迅作品教学的根本任务是要"引导学生自己去阅读鲁迅的原作,与鲁迅直接进行心灵的对话与交流"[1],以思索人生与社会,形成健全的人格。教师的教只是一座桥梁,目的是学生从中学到一些什么,感受到一些什么。只要学生有兴趣去读鲁迅的作品,并且读出自己的感悟与体会、自己的看法与评价,鲁迅作品的教学就算是成功的。

可是,现在有些教师认为鲁迅作品的教学对学生没有多大益处,其重要原因就是他们脱离开人文性而单独地、片面地强调了工具性。我们大都不否认鲁迅作品的人文价值,但有些人却认为鲁迅作品对中学生言语能力的提高帮助不大或帮助甚少,认为鲁迅的作品及其语言是很难被学生直接用于作文的,甚至认为对应试的帮助不大,所以鲁迅作品也就不适合被中学语文教材收入。由此,教师仅仅把鲁迅作品当作训练中的"材料"来教,而不从鲁迅的文学世界,更不从鲁迅的生活世界出发,在课堂上也就缺乏了教师、学生、作品及作者的互动与思想的碰撞。而学生也仅仅把鲁迅作品当作"知识"来求索,期望在鲁迅的作品中获取字、词、句法以及文法等技术化的"宝藏",从而导致了人文性的缺失。

(三)从教学理念上看,表现为学术界与教育界缺少及时的沟通

学术界与教育界各管各的事,缺少应有的交流和及时的沟通。首先,教材不能及时吸取学术界的最新研究成果。如教材中对《故乡》

的课文说明,仍强调作品通过"反映辛亥革命前后旧中国农村日益破败的面貌,深刻揭露旧社会对农民从肉体到精神的重重残害"[2],未能从小说的艺术结构总体出发,挖掘作品"悲哀那人与人之间的不了解和隔膜"的主题。《孔乙己》的注释提示也过于强调揭露封建科举制度的罪恶,认为这是"一篇讨伐封建制度和封建文化的战斗檄文"[3],与作者"描写社会上的一种生活"的初衷稍有未合。其次,教学界与学术界不通声气,教学理念不能吐故纳新。例如,对鲁迅"弃医从文"根源的探寻,现行教材均采取"幻灯事件"所致的说法。其实这不过是导火线和重要原因之一,而绝非单纯、唯一的原因。1994年9月,规模盛大的"鲁迅留学仙台90周年纪念国际学术研讨会"在日本仙台召开。会上,来自欧亚国家,尤其是日本、新加坡的鲁学专家们提出了许多大胆、新颖的观点和疑问。例如,泉彪之助提到,他曾两次到北京鲁迅博物馆详阅藤野先生亲笔修改过的鲁迅解剖学课笔记本。以他的医学教授身份看,认为"从藤野的修改加笔之中,或许会产生鲁迅笔记错误很多的感觉"(因修改加笔处,有时几乎达满满一页),"其实对一个医科一年级,日语只学了二年的学生来说,笔记的内容似乎还是很正确的","许多地方,都没有改动的必要"。泉彪之助认为,解剖学是医学的基础,也是第一年唯一的医学专业科目,鲁迅在七门课考试中,唯有解剖学不及格,成绩为59.3分,而这一门课偏又是为鲁迅所敬重的藤野所教,这个成绩还曾惹起有人怀疑藤野漏题,惊动校方调查。他提出这个事件对鲁迅的自尊心是一个沉重打击,或许是使其放弃医学的原因之一。[4]而更内在的原因,学术界也做过深入的研讨:鲁迅留日期间,早就关注探索改造国民性问题,如与其好友许寿裳多次讨论中国国民性的"病根何在",如何建立"理想人性",又在《文化偏至论》等文中提出"立人"主张等。这些观点对鲁迅启蒙思想形成的历史背景、社会环境以及人生重大转折等的理解,都有重要参考价值。因此,教育界如果能随时了解学术动态,及时吸取一些科研成果,对正确地、深刻地理解鲁迅的作品将大有裨益。

（四）从教学方式上看，表现为讲授与接受缺失有效的对话

我们的头脑里，为什么会形成一个被误读了的鲁迅的形象，除了上述所说的原因之外，恐怕更重要的是要归咎于教学方式中表现出来的"拔苗助长""南辕北辙"和"话语霸权"。

几十年来，鲁迅作品教学在教法上深深地陷入了一个误区，即在中学生刚刚接触鲁迅的作品时，就把几代学者的研究成果，经过教学参考资料的浓缩或改写，再通过教师的条分缕析灌输给学生，力求讲深吃透，从而"超越了学生阅读文学名著的初级阶段"[5]，违背了学生学习文学名著的自然规律，也忽视了中学生的生理与心理特点。由于定位不当、要求偏高，教师自然感到难教，学生也必然感到难学。我们现在的教师往往是抱着要"完成"教学任务的目的，让学生一定要这么理解、不那么理解。其实，鲁迅作品的阅读与理解不是一次性完成的，作品中许多超越时代的前瞻性的思考，更是当代人们未必能完全理解与领悟的。因此，对鲁迅及其作品的接近与理解，必然是一个长期的过程，在这个意义上，鲁迅的作品是要不断地读，甚至读一辈子的。从这个意义上来说，在中学里，教授鲁迅作品，教师没有必要也不可能要求学生一次性读懂，而且完全理解。

况且，目前鲁迅作品的教学仍是"零敲碎打""各自为政"的，单篇作品之间，无论内容和形式都缺少必要的连贯和衔接。由于作品散见于各年级的不同单元之中，于是在单元教学中，教师们就围绕本单元的教学目标把鲁迅作品等同于一般文章来处理，换句话说，就是仅仅把它当作"用件"而不是作为"定篇"[6]来教。教师在教学时，由于没有深切了解这一单篇教材在鲁迅思想发展道路上和鲁迅著作中所占的地位，也没有紧密结合这一单篇教材与其他文体作品的互训关系，而是就此文论此文，势必造成教学上的"单干独打"，也造成许多不必要的重复。学生从初中到高中，每学一篇鲁迅作品几乎都要学习一遍关于鲁迅生平的介绍，这样即使读完高中，对鲁迅的思想、文风和创作态度仍然不能有一个比较系统的认识，有的学生对鲁迅的作品还是一头雾水。

也正因为这样,不少语文教师往往将参考书对作品的阐析奉为圭臬,并以此作为评价学生对作品理解程度的唯一尺度;更有甚者,一些教师在作品分析时,虽然能坚持"启发诱导",却始终是在想方设法把学生的思维引向参考书对作品的分析预设之中,这种现象表现出教师的一种认识尺度的过分的求同取向,表现出教师作为"权威"的话语霸权,呈现出认识上的一元格局。鲁迅作品是一种开放性的结构,学生对文本的理解也往往呈现出多元的开放的特点。而以一元的思维定式,用刻板、非此即彼的"标准答案"去约束学生丰富的想象力,不能对学生的发散性思维和创造性思维做出正确的评价、肯定和激励。相反,对待学生轻则否定、重则讽刺,这会严重地扼杀中学生的独立思考能力和学习鲁迅作品的兴趣,自然也会妨碍学生全面、深刻、正确地理解鲁迅。这样做的结果往往使学生在自己思维的成果得不到教师的赞赏之后产生思维上的惰性,满足于教师或参考书对文本的分析与理解,从而极大地限制了学生的创新思维,使学生丧失了积极思考的动力。

二、小说教学:"立人"的意识与灵魂的透视

作为"五四"思潮与"五四"精神最充分的体现者和表达者,鲁迅在《呐喊》和《彷徨》里提出的反封建命题的最重要的切入点与关注点,是数千年封建礼教和封建意识形态造就的"国民性"问题。因此,强调"立人"意识,揭示国民性格弱质所在,探索改造"国民性"的途径和方法,达到改造民族灵魂、实现人的思想启蒙的目的,正是这类小说所要表达的最重要的思想内容,也是鲁迅小说最为独特之处。[7]正是从"立人"的思想出发,鲁迅弃医从文,选择了将文学作为思想启蒙的武器:"我们的第一要著,是在改变他们的精神,而善于改变精神的是,我那时以为当然要推文艺,于是想提倡文艺运动了。"[8]所以,通过对人物的灵魂透视来强调"立人"的意识,乃是

鲁迅小说创作的基本出发点。

然而，在对鲁迅小说的解读中，一方面由于没有对鲁迅的思想和艺术做整体的把握，单单从政治性、阶级性、革命性角度看问题，使教学"往往偏离鲁迅的思想和作品的实际"[9]；另一方面由于传统习惯的思维定式和陈陈相因的教学观念，在很大程度上导致教师对鲁迅小说的主题或者人物的解读仅仅做出政治性、革命性之类的定性分析。由此，我们认为，教师应该主要从以下两个方面入手，来走近真实的鲁迅小说世界。

（一）避免主题解读的两极化倾向

1. 摈弃政治标向下的主题一元误读

由于多年来"左"的积弊，因而在对鲁迅小说的解读上存在着极大的误区，那就是过分强调其社会政治思想意义所导致的本文意义解读结果的一元论。我们在对其主题进行分析的时候，常常会出现诸如"辛亥革命的不彻底性""三座大山的压迫""黑暗的封建制度""腐朽的封建思想"等一些带有政治标向和阶级倾向的主题，而这些从表面上看是对鲁迅思想的"拔高"，实际上恰恰是对鲁迅小说主题的偏离和曲解，甚至是对鲁迅思想的贬损。造成这种后果的直接原因是，教师对主题的理解仅仅是对教材教参的机械拷贝，并且对学生进行强行灌输。这不仅极大地降低了鲁迅小说深刻的思想内蕴，而且表现出教师无视学生独特的情感体验与感悟的话语霸权，严重地束缚了学生思维的发展。

鲁迅小说的开放结构决定着其主题多义性的特点，如果一味地对鲁迅小说做定性的分析，就会失之偏颇。例如，教参里对《孔乙己》这个短篇小说的主题分析说："它揭露了封建科举制度所戕害的读书人的病苦，是一篇讨伐封建科举制度和封建文化的战斗檄文。"[10] 显然，对这个主题的理解有着特定的政治背景。鲁迅先生自己却说："是在描写一般社会对于苦人的凉薄。"[11] 对这个小说主题还有其他的解读，如"反封建"说、"等级观念"说等，只要学生有自己的感悟且言之成理，就可以接受。这就是说，对作品的理解，作者和读者可以各有自己的看法，作为普通读者的学生也可以有不同理解。对《孔乙己》的主题虽然也有过争论，但争执的各方并不是以一种包容的态度对待其他解释，而是各执一端，试图站在他们自己的立场上说服他方，殊不知，这正是无视主题多元性的表征。可是，教材、教参的编写者和见仁见智的各方，大都表现为一种极端的专横，在教学中，我们也往往会因循教材和教参，对学生做出划一的"指导"。像这种例子，在中学语文教材里可谓比比皆是。如《药》这篇小说，往往强调"药方"，或者"批判辛亥革命的不彻底性"，但是，鲁迅首先是思想家，结合其一以贯之的"立人"思想，我们可以将其主题定为"揭示民众麻木落后的灵魂"，鲁迅本人也认为："《药》描写群众的愚昧和革命者的悲哀，或者说，因群众的愚昧而带来革命者的悲哀。"[12] 再如，把《阿Q正传》的主题确定为批判辛亥革命的不彻底性，这便是强调了作品的社会政治意义，而其实鲁迅创造这个形象意在解剖"国人的灵魂"。

解释学认为一切文本都是敞开的，可以容纳各种不同的见解，阅读作为一种审美再造的艺术实践活动，也就具有了鲜明的个性差异，而且一部伟大的作品总能给不同的人和不同时代的人以不同的美感和濡染，具有永恒的生命和意义。正因为如此，作为伟大的作品的鲁迅小说，不同的读者对其主题的理解也往往有所不同。也正如鲁迅先生自己所说："一本《红楼梦》，单是命意，就因读者的眼光而有种种：经学家看见《易》，道学家看见淫，才子看见缠绵，革命家看见排满，流言家看见宫闱秘事……"[13] 也就是说，不同的读者能够透过作品的语言，在理解其中的社会、历史、传统的涵蕴的基础上，对其主题做出种种有说服力的可能阐释与理解。我国古代文艺理论家早就注意到了文本寓含的艺术张力和意蕴主题的丰富性，如钟嵘的"滋味"、严羽的"兴趣"、王士祯"神韵"、王国维的"境界"等文艺鉴赏观的提出，无一不是以阅读文本意义的丰富性和阅读主体的创新思维为出发点的，可见对于作品主题的理解不必强求统一的答案。

因而，在传统的鲁迅小说教学中，在"求旨"中定于一尊，甚至将作品主题固化为社会政治的倾向，并试图蛮横地强迫学生接受这种

理解的做法，不仅是荒谬的，而且也是对学生思维与个性发展的严重扼杀。在教学中，鼓励学生对作品主题做出多元的解读，并能够有效地培养学生的创新思维。创新思维是人类思维的最高表现，是现代社会对教育提出的更高要求。检验一个思维过程或结果是否属于创新思维的范畴，有三个重要标准：独立性、发散性、新颖性。在文本解读过程中，鼓励学生做多元的解读，正符合这三个指标。学生对作品做出的多元性的解读，以其个性鲜明的思维为基础，他们解读作品所得到的意蕴，是他们独立思索的结果；学生们的解读结果往往是多样的，从而表现为很大程度的发散性；最重要的是，学生的解读过程，常常是一种探新的思维活动，学生为了得到的不同的主题解读，无一例外地都会运用不同的、新的因素，因此他们的解读具有很强的新颖性。

2. 防止读者理论下的主题无限衍义

西方接受反应理论提出的"读者中心说"认为，"作品的意义，只有在阅读过程中才能产生，它是作品与读者相互作用的产物"。[14]因此，主题作为文本意义体系的有机构成，也应该主要由读者赋予。于是，有人说《药》是歌颂青年革命家夏瑜的；有人说《药》是批判革命者严重脱离群众的；还有人说《药》是批判群众迷信落后的。确实，阐释的多样性是一种不可否认的普遍现象，不同的读者对同一作品常常有着不同的理解和阐释，就是同一读者的这一次阅读也可能与另一次阅读形成大异其趣的感受。但读者的主体作用不是无限和万能的，它理应受到作者、作品的制约，即对作品历史具体性的凭借。对文学本文意义的解读，是离不开作品具体的"语境"的，广义地看，语境包含读者所处的历史时代和人们的心理结构。如果一个读者的解读结果在其置身的社会现实中，不能激起其他读者的共鸣，这项解读的工作也就失去了意义。

如前所说的《药》，其基本情节是很简单的，写了两件事：一件是华老栓买人血馒头给儿子治"肺痨病"；一件是青年革命者夏瑜被杀。所以，小说的深刻性就在于用"人血馒头"这一明一暗两条线索，把华老栓的悲剧和夏瑜的悲剧交织在一起，从而开掘出意蕴深厚的主题：群众的愚昧和落后，是封建统治者长期推行愚民政策的结果；不把华老栓这样的群众从愚昧麻木的昏睡状态中唤醒，革命者即使像夏瑜那样抛头颅、洒热血，对旧中国社会的变革也是无济于事的，而夏瑜们的鲜血只能落个做"人血馒头"的悲惨结局。基于鲁迅创作的立足点，我们认为对《药》的主题解读，只要结合自己的感悟并围绕着上述核心思想，得出"这一个"的理解都是很有意义的。

（二）避免人物分析的概念化倾向

我们在分析鲁迅作品中的人物时，往往会用带有普遍性的特性来概括人物在特定语境中的特定的性格，这使得人物分析带有某种概念化倾向。例如，只要是农民就必然勤劳、坚强而且具有反抗精神，只要是小资产阶级知识分子就一定表现出其性格的软弱性，只要是地主阶级或封建势力的代表就往往是虚伪的、凶恶的、残酷的。在课堂教学中用这种定向的、习惯了的思维方式来分析处于不同语境的人物，片面突出其人物性格的某一特征，那么这种方式显然是机械的、僵化的，甚至是荒谬的。就像过去在课堂中，我们对《雷雨》中周朴园这个形象的分析，往往会偏重于批判他的凶残和虚伪，而看不到他对鲁侍萍的真诚怀念和深深的歉疚甚至对自己良心的谴责。如果单从阶级性的角度对人物进行分析，那么就陷入了用人物的共性来覆盖其个性的简单化误区。

那么，应该如何避免人物分析的概念化倾向呢？笔者将以《故乡》和《祝福》两篇鲁迅作品为例，一正一反地进行说明。

在《故乡》中对闰土这一人物的分析，可以从"我"问闰土的景况入手。"他只是摇头；脸上虽然刻着许多皱纹，却全然不动，仿佛石像一般。他大约只是觉得苦，却又形容不出，沉默了片时，便拿起烟管来默默的吸烟了"。这里所表现出来的人物形象是复杂的。"闰土的内向，绝不表示他的内心世界的丰富，而只是加倍表现了他的灵魂已经冷漠麻木到了木讷的程度；决不表现他的坚强，而只表示他已经被摧残到了完全委顿的程度"[15]。

又如，在《祝福》中对祥林嫂和鲁四老爷进行人物分析时，有人认为祥林嫂具有"反抗精神"，鲁四老爷是封建四权之一"政权"的代表，他就是"杀死祥林嫂的元凶"。诸如此类的观点缺乏对鲁迅思想整体性与某时期独特性的理解，也缺乏对鲁迅特定时期的基本思想和特定时期的历史背景的把握，是概念化的理解。就祥林嫂这一人物来说，祥林嫂确实很坚韧，她也有过反抗，但她缺乏自我意识，缺乏不从属于别人、不依附于别人的独立的生活意志与愿望，祥林嫂不愿改嫁而勇猛反抗的思想基础是"从一而终"的封建道德，她是为了"守节"才不惜以死抗争的；她默认自己就是不干不净的，她的捐门槛的反抗也只是出于对封建礼教的确信。所以说，她反抗得愈"出格"，对捐门槛愈"急"，反而表明她中封建旧道德的毒愈深。就鲁四老爷这一人物而言，他确实是封建礼教的顽固维护者，作为一个道学家，他的"卫道"是自觉的，也十分"顶真"，视改嫁的寡妇为"谬种"，不准祥林嫂在祭祀时沾手，表明了他鲜明的"卫道"立场，但说他是"杀死祥林嫂的元凶"，就没有多少道理。他的角色定位，也就是"卫道士"，并不是"政权"的代表，要他负起"杀死"祥林嫂的责任，恐怕是负不起的。文中对他的描写并不多，他对作为寡妇的祥林嫂很自觉地表示反感，对他来说，"皱了皱眉"是很自然的事，但他也默认了四婶对她的留用。至于再寡的祥林嫂又到鲁镇时，他"照例皱过眉"，只是告诫四婶祭祀时不用她沾手，用她帮忙还可以。笔者认为，若祥林嫂不参与祭祀，她后来也不至于精神崩溃，也许就可以在鲁家度完余生。因此，鲁四老爷并不是"杀死祥林嫂的元凶"。可以说，小说中谁也不是"杀死祥林嫂的元凶"，可谁也逃脱不了"杀死祥林嫂"的责任，甚至连祥林嫂她自己也脱不了干系。鲁迅是从改造国民性命题出发安排人物命运的，因此他描写的人物关系、他刻画的人物性格，呈现出非常复杂的状况，如果用单一定性的方法分析人物，往往会失之偏颇。

因此，我们在课堂中分析鲁迅作品中的人物时，必须切合作者当时的写作意图，符合作者该阶段的基本思想，并围绕着这个主体做出合理的分析，绝不能也不可以望"人"生义，给人物贴上某种标签。

三、杂文教学：诗情的绽放与形象的思维

　　杂文是鲁迅作品中的一道独特的风景，由于杂文是"诗与政论的结合"，它既不同于记叙文也不同于议论文，所以散见于教材的不同单元中的鲁迅杂文，到底要归属何种文体、运用何种方式进行教学，着实成为教学中的一大困惑。由于教材的编排体例，致使鲁迅的杂文只能被用作单元教学重点的"例文"[16]来处理。例如，教材把《拿来主义》与《荷塘月色》放置在同一单元，其教学重点就是"联系语境揣摩语言"[17]。但这其实就是将原来含有无限可能性的鲁迅杂文，限制在"揣摩语言"这一特定的点来作为例子的一种片面的教学。然而"鲁迅杂文的最显著的艺术特点是艺术思维方式的独特性，即其创作大抵是逻辑思维与形象思维的交融，有着浓厚的诗情画意，其提出的观念也是诗情观念"。[18] 因此，在鲁迅杂文的教学中，我们既不能把它处理成一般的记叙文或议论文，也不能仅仅把它当作"例文"来榨取某种所谓的知识点与能力点，而应该紧紧抓住杂文这种文体的独特性，对其进行"了解和欣赏"[19]。我认为，把握作品的情感内核与彰显作品的思维方式，乃是鲁迅杂文教学关键所在。

（一）把握作品的情感内核

　　鲁迅杂文除了其"文明批评"和"社会批评"的"诗史性"特征之外，更重要的是因为其具有"情感性"特征，"其艺术成就最突出的是诗与论、情与理的高度统一和完美结合"。[20]

　　鲁迅的杂文作品，饱含着震撼人心的情感力量。可是，有的教师常常把鲁迅的杂文当作议论文来处理，因而也就有了论点的概括、论据的追寻以及论证方法的分析。其实，鲁迅的杂文，例如《为了忘却的记念》，我们很难从中找到论据，全篇充斥着被压抑的愤怒与无言的悲痛，与其说这是鲁迅的杂文，毋宁说是鲁迅的充满诗情的散

文。所以说，对于鲁迅这类杂文的教学，重点是要把握文中表达的作者的情感态度，而把握情感的方法是反复诵读感悟。笔者生活中曾遇到过一位老教师，他教这篇课文，教了许多遍，自信对教材的把握已经"游刃有余"。尽管他对课文的语句很熟悉，甚至能背下来，但仍然感到对课文的感情基调把握不准、体会不深。当他第六遍教这篇课文时，距第一遍时已经是十年以后了，读到"原来如此……"的时候，他落泪了。只有真正地把握作品语言的情感的内核，才能够与作者及其作品产生共鸣。可以说，直到这时，他才读懂了鲁迅。这样的情况也同样适用于鲁迅其他的杂文。例如，《记念刘和珍君》一文的教学重点首先应该是作者的情感，是对精警句段的朗诵和感悟，只有把诵读感悟放在首位，把琐屑的东西放在一边，才能把握作品的情感内核。而教参里则把这篇文章作为"理清思路"的一个例子来教读[21]，这实在是一种大谬。更何况，教师们讲授鲁迅杂文时多喜处处深挖，学生也就疑神疑鬼、草木皆兵，这对学生"了解和欣赏"并无好处，反而养成穿凿附会的坏学风。

下面就窦爱君老师的一个教学案例[22]来进行具体的分析，其基本程序和内容概括如下。

1. 为消除社会环境的不同及学生自身阅历、情感体验的不足而造成学生情感与课文内容的隔阂，教师扔开"教参"备课，静静地读，细细地品，力图寻找最初、最真的感动。

2. 教师几年前在曾作为当年北京女子师范大学的校址的北京师范大学中文系进修研究生课程时，曾为探寻刘和珍君足迹而拍下一些珍贵的照片。于是，课前，教师把照片给同学们传看，并动情地做了介绍。

3. 同学们阅读有关的章节，找出鲁迅先生提到的刘和珍君牺牲前的几件事情。（同学们很容易就找到了。）

4. 师生归纳刘和珍君的性格。

5. 教师用沉重、低缓的语调读刘和珍君和她的同学们遭枪击、被虐杀的段落。（教师哽咽了，声音颤抖；同学们屏气凝神地听着，压抑的抽泣声渐渐大起来，空气中弥漫着浓重的悲愤。）

6. 全体起立，教师把课前特意制作的一朵小白花，轻轻戴在胸前，然后，庄重地说："让我们默哀三分钟……"

7. 同学分析遭枪杀段落的细节。（同学们感到很容易理解，教师喋喋不休的讲解和分析都是多余的。）

《记念刘和珍君》是一篇至情之文，倾注了鲁迅先生的强烈的爱与愤，寄托了他对爱国青年的不幸死难的无限哀思。鲁迅热爱青年，但在他的一生中，却不断地看到青年以各种方式死于非命，他不愿意他们无谓地死去。鲁迅痛惜刘和珍的死，但是认为她的死意义有限，没有达到目的，因此，鲁迅以此文启迪青年变换斗争方式。与此同时，文中也表达了他对反动势力的无比憎恨，严厉地斥责了反动政府的凶残和反动文人的无耻。

基于这样的感情内涵，教师也好，学生也好，都必须进入作品之中，与作者同喜共悲。窦爱君老师抛开教参的束缚，沉浸在作品的言语之中，用心感受着涌动在作品中的情感激流，这本身就是一种情感的探险，是对鲁迅作品情感脉搏的真切把握。根据窦爱君老师的介绍，当她身处鲁迅曾经任教过的北京师范大学，用心去触摸历史的时候，她似乎看到了鲁迅先生"横眉"的情状，身边也仿佛出现了"始终微笑着"的刘和珍君，这给了她一种回到那个时代的历史现场感。而在课堂上，窦爱君老师紧紧抓住了文章中最能表现情感的关键性段落，用自己的朗读来获得感悟，并且将自己的感悟再次融入课文，从而感染学生。这也就是列夫·托尔斯泰说的，把"自己体验过的感情传达给别人，而别人也为这些感情所感染，也体验到这些感情"。[23]换句话说，教师应用感情来打动学生，就无须做理性的分析，也不必有貌如互动的讨论，学生也能够自然地复活文字中包含的情感。这就是说，教师、学生与作者都进行了情感的交流，甚至是心灵的相遇。只有这样，刘和珍君和鲁迅先生才能走进学生心里，时代的距离感才能被消除，于是，心灵的隔膜倏然消逝，学生美好神圣的感情终被唤醒。因此，笔者以为，只有我们用充分的情感投入鲁迅同样充满情感的杂文作品之中，我们才算走进了真实的鲁迅世界。

（二）紧扣作品的思维方式

鲁迅杂文的另外一个显著特征是"形象性"。在鲁迅的杂文作品中，为了更直接地表达自己的主观情感和思想，他不用枯燥的语言说理，也不用严密的逻辑推理论证，而往往用具体的形象来感染读者，即运用独特的形象反映方式来表达自己的情思。更为重要的是，鲁迅的杂文把一般杂文应该具有的推理判断的逻辑思维和形象思维融合在一起，使其"创作思维呈现为真正的艺术思维"[24]。因此，我们在教学中就必须紧扣这种具有鲜明特征的思维方式。

1. 独特的形象反映方式

通常的议论文字中，作者表述的观点都是在逻辑推理中演绎的，即或掺入形象描写，也只表现为语言的形象性，但在鲁迅杂文中，作者不只运用形象化的语言和手段，还直接描绘具体形象，在行文中介入整个的形象，渐趋淡化论述的思路，在某些篇章中几乎到了论述不着痕迹的地步。由于形象描写的充分展开，文中只消有一二处点题性的"道破"，就可以把问题阐述得清清楚楚。这种形象反映方式的"艺术效果表现在：它给予读者思想感受的途径，不只是理论上的'说服'，更重要的是形象上的感知"。[25] 这无疑增强了读者对杂文的感受力和理解力。由此可见，鲁迅杂文的独特之处在于注重具体形象在艺术思维中的积极参与，即为增强杂文思想表达的形象性与直观性，为使自己的主观情感流露得显豁、直接，而大量借助于形象。

鲁迅的杂文中直接描绘具体的形象表现为两大类，即人物形象的描绘和具体场景的形象描绘。人物形象的描绘则可分为"社会相类型"形象和具体人物形象两类。前者如以动物（蚊子、苍蝇、山羊、巴儿狗）等引类作比，象征社会上某一类型人物的形象，在目前中学教材的所选鲁迅杂文篇目中没有出现这类形象，更多的则是具体的人物描写。典型的像《为了忘却的记念》中的柔石。文章从不同的侧面用一件件小事情来勾勒柔石性格的某个侧面，如用听讲义、托送书、借钱印书、拼命译书、与人走路、狱中写信和眷恋母亲等片段的描绘

表现柔石"台州式的硬气"和"颇有点迂"的性格特点,从而展现出柔石善良、纯洁、坚强、耿直的形象。这样具体而微地描绘柔石的性格,进一步深化了作者要表达的思想与感情:对当局者竟有如此凶残的愤恨和对革命者竟遭如此杀戮的悲痛。除此之外,具体场景的形象描绘在《为了忘却的记念》中也表现得很充分,如在第二部分中写柔石与人走路,文中写道:

> 他的迂渐渐的改变起来,终于也敢和女性的同乡或朋友一同去走路了,但那距离,却至少总有三四尺的。这方法很不好,有时我在路上遇见他,只要在相距三四尺前后或左右有一个年青漂亮的女人我便会疑心就是他的朋友。但他和我一同走路的时候,可就走得近了,简直是扶住我,因为怕我被汽车或电车撞死;我这面也为他近视而又要照顾别人担心,大家都苍皇失措的愁一路,所以倘不是万不得已,我是不大和他一同出去的,我实在看得他吃力,因而自己也吃力。

看了这段文字,读者们的脑中会自然地生长出两幅忍俊不禁的画面:相距三四尺前后或左右的一男一女在踟蹰;两个大男人你扶着我我扶着你在仓皇失措地行进着。在这里,同一个人表现出两种迥然不同的形象,构成了一幅对比十分鲜明的图像,在教学中,学生仅仅凭借着自己脑中展现的图像就可以感受到柔石的单纯与善良。所以,无须作者做某种推断与议论,形象画面本身已经把感受和观点说明白了。在鲁迅的杂文中,情感的表达与思维的传达就是通过这种形象反映方式来实现的,因此对形象的把握是正确解读鲁迅杂文教学的重要切入口。

2. 两种思维方式的交融

但是,鲁迅的杂文毕竟还是杂文,冯雪峰称杂文为"诗与政论的结合",为了表达作者的倾向和见解,进行"文明批评和社会批评",

作者在杂文中就必须采用推理和判断的逻辑思维形式。正是在这一点上，教师们往往把鲁迅的杂文仅仅称作"匕首"与"投枪"，只注重逻辑思维形式，忽视了其用形象来反映情思的艺术思维特质，而这恰恰也是教学中最容易"失足"的地方。所以，鲁迅杂文教学中"论"的一面如何把握，我们认为，其关键是要注意上述两种思维方式的交融。

就观念的传达方式而言，鲁迅杂文中的逻辑思维一般不以外在的形式独立存在，而完全蕴含于形象的画面中，灌注在行文的内在血液中，同通常的议论文采用三段论式的论证完全不同，"明显见出逻辑思维向形象思维转化的意向"[26]。用形象来议论，用形象来叙述和描写，甚至用形象来抒情，是鲁迅杂文的显著的特征。

在鲁迅杂文中，抽象的理性认识内容是附丽于具体可感的形象而存在的，它们成为了作家"释愤抒情"的载体。例如，在《为了忘却的记念》中，他把"黑暗的社会压迫得人透不过气来"形象地描述为："许多青年的血，层层淤积起来，将我埋得不能呼吸。"在《灯下漫笔》中，他把绵延几千年的中国文明的"吃人"本质比喻为："所谓中国的文明者，其实不过是安排给阔人享用的人肉筵宴。所谓中国者，其实不过是安排这人肉的筵宴的厨房。""大小无数的人肉的筵宴，即从有文明以来一直排到现在，人们就在这会场中吃人，被吃。""筵宴"也好，"厨房"也罢，都是生动形象的比喻，揭示出"人吃人"的残酷社会制度的本质，这些具体的形象要比纯粹的逻辑判断鲜明得多，也有力得多。鲁迅杂文通过这些形象性的语言，不仅将抽象的思想表现得十分具体可感，而且表达得异常深刻。可以说，鲁迅的大多数杂文，都构成了主观情感与所描述对象浑然融合的艺术境界，并借此使读者感到杂文艺术所蕴有的诗意美。

所以，在鲁迅杂文教学中，我们必须抓住文中随时凸显的形象，让推理和论证在鲁迅所描绘的形象图画和形象化抒情中展开，使抽象思维向形象思维渗透和融化。如《拿来主义》一文议论的色彩重一点，在教学中我们可以对鲁迅独特的逻辑论证方法有所侧重地分析，但应当认识到，此种逻辑论证仍同作家在杂文创作中两种思维交融的创作方法具有整体的一致性。比方说，文中以"一个穷青年得了一个大宅子"为比喻来说明对待文化遗产应有的态度，用"孱头""昏蛋""废物"来说明三种人的错误态度，这两处很好地体现了两种思维方式的交融。又如，《记念刘和珍君》中用了一段议论："真的猛士，敢于直面惨淡的人生，敢于正视淋漓的鲜血。这是怎样的哀痛者和幸福者？然而造化又常常为庸人设计，以时间的流驶，来洗涤旧迹，仅使留下淡红的血色和微漠的悲哀。在这淡红的血色和微漠的悲哀中，又给人暂得偷生，维持着这似人非人的世界。我不知道这样的世界何时是一个尽头！"这段议论表达了作者对"猛士"的热烈颂扬，对"庸人"健忘的刻骨悲哀，对"非人间"的愤怒控诉，褒贬抑扬溢于言表，喜怒哀乐寄寓其中。同时鲁迅又以"淋漓的鲜血""时间的流驶""洗涤旧迹""留下淡红的血色和微漠的悲哀"等形象化语言构筑意象，使议论具有鲜明的形象性。

　　鲁迅杂文的叙述与描写也极富形象化特征。看似漫不经心的叙述与描写，其实内中蕴含着深刻的道理或深沉的感情，这在我们的教学中也要准确把握。如《记念刘和珍君》中"但是中外的杀人者却居然昂起头来，不知道个个脸上有着血污……"一句，鲁迅这样夸张的写意漫画笔法刻画杀人者欲盖弥彰的丑态。如《灯下漫笔》中，当钞票的贬值使人们"忽而变了一个穷人"，为"几乎要绝食"而"恐慌"时，又听到能打"六折""七折"，于是人们"非常高兴"，此时鲁迅用"一包现银塞在怀中，沉垫垫地觉得安心"来描绘当时人们受了欺诈又心安理得的神情。又如，在《为了忘却的记念》里，鲁迅用"她的体质是弱的，也并不美丽"来勾勒冯铿女士的形象。特别是在《记念刘和珍君》中，作者在文章开头写道："中华民国十五年三月二十五日，就是国立北京女子师范大学为十八日在段祺瑞执政府前遇害的刘和珍杨德群两君开追悼会的那一天，我独在礼堂外徘徊……"但不少教师对这句话认识模糊，仅把这句话读一遍，抽取出"开头一句交代了事情发生的时间"的概念化结果就了事。其实，这句话中包含着深层的意思。在教学中，我们可以和学生一起透过这个长长的叙述句来推断里面包含着的复杂情感。如果简洁地概括，首句传达的就是"那一天"，但鲁迅为什么要在"那一天"前加上那么长的修饰语呢？通过朗读与思考，我们不难发现：首先，用"中华民国"纪年，这是愤慨的揭露，"中华民国"早已不是人民的国家，所谓"民国政府"那是屠杀人民的机器，"段祺瑞执政府"是民国的敌人，而刘和珍和杨德群两君遇害就是铁的事实；其次，开头直书朝代、年、月、日，这是春秋笔法，据实记载；再者，"国立"大学，且是女子大学，而女学生刘、杨两君在段祺瑞执政府前被卫兵枪杀，这"父母官"却不爱民，撕开他们的假面具，揭露其凶相，悲愤更深沉，鞭挞更有力，这是巧妙的讽刺。这么一个共64个字的长句，朗读起来感到气闷，可以传达出一种沉重的、压抑的而又激烈的悲愤情绪，读者们通过这种沉缓的节奏可以感受到鲁迅"欲言又忍"的悲愤感情，仿佛置身于哀乐低徊的悲怆情境之中。

四、散文教学：情感的诗化与审美的再现

目前，中学语文教材选录的鲁迅散文作品有《从百草园到三味书屋》《阿长与〈山海经〉》《藤野先生》。写这些文章时，鲁迅已经离开了纷扰多事的北京，脱离了他供职十多年的教育部，来到了厦门。当时，他是为了"在纷扰中寻出一点闲静来"，让自己的心平静下来，才创作了这几篇文章，并在文章中觅一片属于自己的天地，寻找那属于自己的诗意。于是，在这种从纷扰沉入平静的心境转化中，鲁迅回忆起孩提时代百草园与三味书屋的美好生活，热情歌颂童少年时的保姆长妈妈和青年时期的日本老师藤野先生，因此，文章中自然地倾注着无穷的诗情。可以这么说，这几篇散文是鲁迅情感的诗化，是审美的再现，而不是一般的记叙文。所以，我们要围绕鲁迅散文的诗意化、情感化和审美化的特点来展开教学。

（一）体悟诗情

在对散文作品的教学设计时，我们大多遵循分析段落大意、概括主题与中心思想、总结写作特点等便于操作、整齐划一的一般记叙文的教法，如果移用这种老一套教学方法，来对鲁迅先生这些优美隽永、耐人寻味的散文作品教学，势必会让学生感觉索然无味。而在鲁迅营造的"朝花"世界里，无论是描写景物，还是刻画人物，无论是记叙事件，还是描摹心理，都充满着作者对过去诗意生活的爱。在教学中，我们应循着这些外在的语言表层，去体悟鲁迅蕴含在文字里的浓浓的诗情。

例如，《从百草园到三味书屋》中的"百草园"在我们看来，只是一个普普通通的废弃的荒园，没有假山清池，也没有亭台楼阁，但对于少年鲁迅来说，那里却是充满诸多乐趣的广阔天地。所以，当鲁迅沉浸在那本真的童心世界里时，他发现了那本属于自己的一片天地，于是，他赋予这片天地以极富诗情的表述："不必说碧绿的菜畦，光滑的石井栏，高大的皂荚树，紫红的桑椹；也不必说鸣蝉在树叶里长吟，肥胖的黄蜂伏在菜花上，轻捷的叫天子（云雀）忽然从草间直窜向云霄里去了。单是周围的短短的泥墙根一带，就有无限趣味。……"每一句都是一个故事、一个世界、一股向人诉说不尽的童年生活意趣。百草园是儿童的天趣得以尽兴表现的乐园，儿童的好奇心能从这里的草木虫鸟中寻出"无限的趣味"，他与草虫为伍，视草虫为"须臾不可离开"的朋友，这里是最本真的童心世界。这个世界也十分切合初中学生，能激起他们对自己童年的美好回忆，于是，在那一刹那，学生与鲁迅在本真的童心世界里相遇了。

同样，就在这篇文章的后半部分中，鲁迅用极其亲和的笔墨描摹了寿镜吾先生读书的情态："后来，我们的声音便低下去，静下去了，只有他还大声朗读着……我疑心这是极好的文章，因为读到这里，他总是微笑起来，而且将头仰起，摇着，向后面拗过去，拗过去。"这真是刻画寿先生的神来之笔，这位老先生是多么的迂腐，可他又"迂腐"得多么可爱！在漂泊不定、人心莫测的日子里，鲁迅想起了三味书屋,想起了寿老先生,可以这么说,在鲁迅波波折折、布满荆棘的心域里,"这里的人和事已经成为他心灵慰藉的一隅港湾和一块永远不会荒芜的绿洲"。[27]

又如,在《阿长与〈山海经〉》的后半部分,作者以极其庄重的语言集中记叙了长妈妈为"我"寻到了《山海经》的事。如果说前半部分是"不大佩服"长妈妈,那么后半部分则是对长妈妈有"新的敬意"。对"我"来说,四本小小的《山海经》可以从有着各式各样图书的远房叔祖那里得到。但叔祖"很疏懒",他的太太又是一个树枝被自己晾衣服的竹竿压折了也要"莫名其妙"地骂一声"死尸"的不近情理之人。所以,"我"没有办法从他那里得到喜欢的《山海经》。然而,一个大字不识的将《山海经》念成"三哼经"的"并非学者"的长妈妈,却在"告假回家以后的四五天"里用微薄的工资为"我"买回了有着"人面的兽,九头的蛇,三脚的鸟,生着翅膀的人"的《山海经》。本文正是通过对长妈妈的记叙,热情地歌颂了长妈妈的优秀品质。所以,文末作者用"仁厚黑暗的地母呵,愿在你怀里永安她的魂灵!"的深情祝福来抒发诗意的爱。

鲁迅对心理的描摹也充满了浓浓的诗情。如,在《从百草园到三味书屋》中,作者运用推测联想来描摹心理,如"我不知道家里人为什么要将我送进书塾里去了,而且还是全城中最严厉的书塾","也许是拔何首乌毁了泥墙罢,也许是因为将砖头抛到间壁的梁家去了罢,也许是因为站在井栏上跳了下来罢"。这里面浸淫着鲁迅对百草园生活的眷恋和那时对书塾求学生涯的迷茫之情。他在《藤野先生》中用接近联想来表达对藤野先生深深的敬意:"只有他的照片至今还挂在我北京寓居的东墙上,书桌对面。每当夜间疲倦,正想偷懒时,仰面在灯光中瞥见他黑瘦的面貌,似乎正要说出抑扬顿挫的话来,便使我忽又良心发现,而且增加勇气了,于是点上一支烟,再继续写些为'正人君子'之流所深恶痛绝的文字。"

(二)审美再现

同样,在鲁迅所营造的"朝花"世界里,除了诗情的倾注外,还处处渗透着作者的个性审美。无论是景物的描写，还是事件的叙述，无论是人物形象的塑造，还是整篇文章结构的运思，无不体现了鲁迅散文的审美特质：变化多端，摇曳多姿。因此，我们在教学中，要循着鲁迅散文的艺术特质进行审美的再创造。

如《从百草园到三味书屋》中，作者写百草园的概貌很有次序，这反映出他观察的细致：第一个"不必说"从低处写到高处，写植物，是静态，是春景，给人清新辽阔的感觉；第二个"不必说"又从高处写到低处，写动物，是动态，是夏景，使人感到人迹罕至的百草园充满生机；"单是"以后，又从动物写到植物，动物又分有声和无声，植物分可吃与不可吃，是秋景。对各色动植物的形状、声响、滋味各方面都做了恰当的点染，使人感到百草园确实生机盎然、乐趣无穷。

在教学设计中，我们可以要求学生运用"不必说……"句式及恰当的动词、形容词进行口头作文。我们还可以要求学生熟读。教师还可以将这段原文扩写得更细腻更逼真，以引导学生想象"百草园"的美景，例如："百草丰茂的百草园，在身体四周铺展开来，空气中弥漫着百草清纯的芳香和泥土温和的气息。时而站在菜畦的垅上，弯腰间一间苗，菜叶上滚动着晶莹的露珠，阳光下闪耀着七彩光辉。时而站在井台上，用手摸一摸石井栏，洁白而光滑。纵身从井台上跳下，仰起头来，看高大的皂角树，从墨绿的树冠上，透射下一缕缕笔直的光线，斑斑驳驳地印在地上，微风过处，无数光斑闪耀，像一地碎纸屑在翻动。爬上桑树，把柔嫩的枝条拉弯，摘一把桑椹，又红又紫晶莹剔透，不用吃，嘴巴里已溢满了口水。看到树叶里拉长声音、引吭高歌的鸣蝉了吗？看到黄黄的菜花上那只忙忙碌碌的黄蜂了吗？时起时伏，嗡嗡不已。突然，一只轻快的叫天子从草间直窜上云霄去了，天瓦蓝瓦蓝，只有朵朵白云飘浮着，天上早没了云雀的影子。……"[28]这样富有诗情画意的想象使学生如临其境，获得审美的愉悦，自然地也就增添了学生对"百草园"的喜爱之情，加深了对诗情的体悟。

除此之外，在《百草园到三味书屋》中，作者笔下雪后的百草园也是充满乐趣的，他重点叙述了"捕鸟"。在教学设计中我们可以围绕"雪地捕鸟"，如果学生有捕鸟的经历，可以让他们谈谈捕鸟时紧张而愉悦的心情，如果没有，则可以让他们准备竹筛、短棒、长绳等捕鸟用具，按照鲁迅文中所指示的方法，动手模拟捕鸟的过程。这样，既引导学生认真看课文，体会一系列动词的准确性，又给学生提供了动手实践的机会，增添了课堂的情趣。

在教授《从百草园到三味书屋》时，甚至还可以印发或诵读史铁生的散文《我与地坛》中的相似片段，与课文比较阅读，异中见同，也扩大学生的阅读面。将这两者进行比较阅读，从相似的情景所传达的审美信息中，可以体会不同作者从独特的思想境遇出发对事物的感受，从而使学生进一步加深对鲁迅此文审美意蕴的理解。

在讲授记人的散文时，应当注意到记人的散文，不同于人物传记，更不同于人物的年谱、年表。在记人物的种种经历时，作家或取或舍、或繁或简、或记叙、或描绘、或发议论、或抒情感，有较大自由。鲁迅记人，难免做些一般性的叙述，但往往更重性格化言语和行动的描述。如在《阿长与〈山海经〉》中，鲁迅在刻画长妈妈的形象时，作者除叙述她的身份、地位、名字的来历外，着重选择了两个生动的细节，使人物形象生动、鲜明。其中一处是长妈妈喜欢"切切察察"，又常常"竖起第二个手指，在空中上下摇动，或者点着对手或自己的鼻尖"。除上述手指的动作外，鲁迅还刻画了长妈妈在夏天睡觉时的情形，"她又伸开两脚两手，在床中间摆成一个'大'字"。后经提醒，仍是满床摆着一个"大"字。除此之外，文章在过年这一节中，不但记下了她说了些什么话，而且记下了她的动作和神情，从而又可见长妈妈性格的某个侧面。于是，学生就可以在这些栩栩如生的细节刻画中感受到长妈妈质朴、略带粗野的性格。鲁迅此文记长妈妈固是如此，记母亲，记远房叔祖，以至记远房叔祖的太太，无不如此，有时寥寥数语即形神毕现。鲁迅此文正是如此写法，也因此才写得起伏跌宕，摇曳多姿。

《朝花夕拾》中每篇文章都巧于构思，显示出错落有致的美学特色。其中，结尾最有代表性，可以说是一篇一个样。《阿长与〈山海经〉》用"仁厚黑暗的地母呵，愿在你怀里永安她的魂灵！"来结尾，属于抒情性结尾。《藤野先生》可概括为记叙性结尾。在讲授这二篇文章的结尾时，教师可以给学生提供这个集子中其他文章的结尾，让学生在比较鉴别中获得审美的体悟。如《五猖会》是一篇批判压抑儿童天性的叙事散文，文章结尾写道："我至今一想起，还诧异我的父亲何以要那时候叫我来背书。"这个结尾看似平实，其实是向封建家长压抑儿童天性的深沉的控诉，可称含蓄型结尾。《父亲的病》的结尾是"我现在还听到那时的自己的声音，每听到时，就觉得这却是我对于父亲的最大的错处。"这是悔过型结尾。同是记人题材的《范爱农》，其结尾也不一样。文章结尾写道："现在不知他唯一的女儿景况如何？倘在上学，中学已该毕业了罢。"这可概括为议论性结尾。《朝花夕拾》中每篇文章的结尾各有特色，但都恰到好处，这使文章内涵愈加深广，鲁迅用结尾创造出一个多层次的供人们想象力驰骋的广阔空间，通过对比结尾，我们可以再现这一个富有魅力的充满哲学与美学色彩的世界。

五、深化鲁迅作品教学的几点思考

鲁迅的作品永远闪烁着智慧的光芒，始终涌动着青春的气息。每一次与鲁迅作品的接触，都是一次精神的洗涤、思想的升华。鲁迅的作品是常读常新的，而且始终有着说不完的话题，我们可以在鲁迅世界里汲取无穷的营养。当我们站在巨人的肩膀上遥望的时候，那又该是一幅怎样的美景！不过，还是且慢让我们顺着鲁迅的目光，做一番思索。

（一）教材的选择，要求经典性与可感性的统一

我们的心中是一个怎样的鲁迅，往往取决于我们接触到了哪些鲁迅作品。在中学教材中鲁迅作品的选编经历了几番风雨，遭受了几多

变迁。在十七年时期(中华人民共和国成立至"文化大革命"的十七年间),"以杂文居多","突出政治性";在"文化大革命"时期,"篇目不断减少,编排混乱。"[29]现今中学语文教材中的鲁迅作品,其安排大致是先散文、后小说,再后是杂文。写孩提时代的故事或内容较为浅近的作品大多数放在低年级,而鲁迅后期的内容较为复杂的杂文则一律被安排在高中阶段。就高中语文教材而言,从数量上看,1991年版的旧教材共选入9篇鲁迅的小说和杂文,而2000年版的新教材则增加到25篇(包括10篇高中课外语文读本阅读篇目),这可是一个巨大的变化。更值得注意的是,从内容和题材上,在读本中新添了历史题材小说《故事新编》和散文诗集《野草》中的不少篇章。但无论怎样选择与安排,我认为,重要的是要把握好一个原则,即经典性与可感性的统一。

所谓经典性,就是能够经得起时间考验,不仅适合于现代人阅读和接受,同时也适合于未来人阅读和接受。大凡已经进入一个民族的语言作品库的作品,不但这个时期的人读,未来多少代的人也都会去读。鲁迅的思想与作品同样是一份值得世代承传的文学遗产与精神遗产。鲁迅作品就是经典。世界上每一个国家总是以本民族的经典作家来教育后代的,比如莎士比亚、普希金、托尔斯泰、雨果,英国人、俄国人、法国人从小就对他们的作品耳熟能详,以至他们的名字家喻户晓;我们也应该通过中小学教育与其他手段,让屈原、陶渊明、杜甫、曹雪芹、鲁迅这样的民族文化精英们的精神遗产代代相传。

但是对经典的接受并不是一蹴而就的,应有一个不断选择、阅读、积累的过程。就经典作品的阅读教学而言,并不是所有的作品都适合所有年龄段的人阅读和欣赏,也不是所有的语言和语言形式都能被各种语文水平的人接受,所以并不是随便什么鲁迅作品都可以进入中学教材,还要考虑到中学生的接受能力,也就是说要考虑到可感性的问题。在过去,我们强调"懂",实际上,真正读"懂"是很难的。到了20世纪30年代,鲁迅还说很少有人懂得他的《阿Q正传》。原因就在于这个作品有着非常深刻的含义,就像王冶秋先生曾经对《阿

Q 正传》做过的一段著名的论述:"这篇民族的杰作,绝不是看一遍所能消化的:看第一遍我们会笑得肚子痛;第二遍:才咂出一点不是笑的成分;第三遍:鄙视阿 Q 的为人;第四遍:鄙弃化为同情;第五遍:同情化为深思的眼泪;第六遍:阿 Q 还是阿 Q;第七遍:阿 Q 向自己身上扑来……"[30]可见对这样内涵丰富的作品的认识,是必须随着人们人生观察和体验的不断增加、社会知识和历史知识的逐渐丰富而不断地深化的。当然《阿 Q 正传》是鲁迅的代表作,向中学生讲授鲁迅的思想与文学精神,就不能不选《阿 Q 正传》,学生也不能不读《阿 Q 正传》。我们需要考虑的是,选读这个作品,应当在中学生适当的年龄段,即学生具有一定的阅历和知识积累的阶段。笔者认为,将这个作品放在高中段教学是较为合适的。

我们在教学中还应突出可感性的另一面,即在理解阿 Q 和他一生的命运时,尽可能调动学生的生活经验,以引导他们加深对作品的理解,而且必须要求学生对这个作品反复阅读、细细琢磨,达到王冶秋所说的能够"消化"的程度。

在鲁迅作品教学中,选文的可感性和可接受性是非常重要的。诚如王富仁先生所说:"在我看来,中学语文教材中的鲁迅作品的选文应该考虑两个方面:一是要能体现鲁迅思想、文学的精髓;一是要具有可接受性,注意中学生的年龄特征。在整个教材体系中,要有一个接受梯度,比如说初中阶段可多选一些鲁迅关于生命以及关于爱和美的感悟、描写与思考方面的相对明朗的文字;高中阶段则可选一些更能体现鲁迅最基本的思想,更为严峻,理解有一定难度的文字。"[31]教学实践证明,凡是适合中学生年龄段的可接受性强的作品,总是为学生所欢迎并取得良好教学效果,小说如《孔乙己》《故乡》《阿 Q 正传》《祝福》《铸剑》等,散文如《阿长与〈山海经〉》《从百草园到三味书屋》《藤野先生》《秋夜》《雪》等,杂文如《记念刘和珍君》《为了忘却的记念》等,这些常选的篇目,都因其有很强的直接可感性,而乐于为学生所接受。事实上,这一类教材中未选但又非常适合中学生阅读的鲁迅作品,我们还可以找出很多,如《朝花夕拾》中的

《二十四孝图》《五猖会》《父亲的病》《范爱农》，杂文中的《夏三虫》《谈皇帝》《从孩子的照相说起》《阿金》《我的第一个师父》等。这些作品，或可推荐学生在课外阅读，或可结合有关篇章教学做必要介绍，尽可能拓宽学生的阅读面。

此外，选文除了要考虑可感性，也应考虑总体性，使学生对鲁迅思想、文学创作有较为全面的认知。2003版高中语文教科书（第一册）把《拿来主义》和《记念刘和珍君》换成了《〈呐喊〉自序》，这样做不仅是因为后者"比较完整地呈现了鲁迅的文艺观、社会观和革命观"，而且是因为作品表现了"他对国民性的无情解剖，他对自己的严肃深刻的反思"，"彰显其理性的思考与思辨的力量"。[32]这样编排既有利于学生从总体上去感受鲁迅的作品，突出可感性，同时也有利于学生宏观地把握鲁迅的思想，对后续教材中出现的鲁迅文章有正确的解读。

当然，选鲁迅的什么作品，无法、也没有必要完全一律，应该允许中学语文教师根据学生的情况与自己对鲁迅作品的理解，在教材之外，适当地补充选择一些鲁迅作品供学生课内或课外阅读，或组织鲁迅作品阅读的课外学习小组。根据2003年颁布的课程标准的要求，教师甚至还可以开设鲁迅专题的选修课，自己选编教材，进行系统的教学。至于其他的如散文诗集《野草》与历史题材的小说集《故事新编》中的作品，笔者认为只要让学生了解或读过其中的若干篇章即可，不必做深入的探究。因为中学生的认知水平、阅历层次与生活积累尚不足以去认识作品中所包含的深意，与其让他们现在曲解甚至误解鲁迅，还不如到将来有某种探究的欲望和能力时再去细读也为时未晚。从这个意义上或许可以说，将《风筝》编入义务教育七年级的教材未免有些为时过早。

（二）主体的投入，要求师生同鲁迅的对话

教师是掌握和运用教材教法的主体。要引导学生走向鲁迅，教师首先应该走向鲁迅。教师的素质直接决定着有关鲁迅作品教学的水平。因此，语文教师应该具有正确的鲁迅观。鲁迅是在"五四"前夜走上中国的历史舞台的。由于中国的封建社会特别漫长,传统观念根深蒂固,这就决定了"五四"新文化运动所开创的新旧交替时期将是一个相当长的历史时期,我们对这个时期历史特点的正确理解与把握也不是轻而易举的。语文教师要具备正确的鲁迅观,就应该尽可能多地阅读鲁迅原著。此外,应该承认,阅读鲁迅原著有一定的难度,初读鲁迅作品时我们会感到吃力,但鲁迅作品经得起反复揣摩,令人百读不厌。认真阅读原著,我们会感受到一个真实的鲁迅。要在较深的层次上较为全面地理解鲁迅精神,更要付出长期、艰苦的努力。由于鲁迅作品特有的深刻性,阅读者需要有相当的文史知识、生活阅历和一定的古文修养,而这些又都是一个合格的语文教师所必备的。所以,在继续教育工作中,语文教师尽可能多地认真阅读鲁迅原著,这不仅是走向鲁迅的需要,而且是提高教师自身综合素质的有效途径。

在这方面,语文教师充分认识自己、评估自己非常重要。教师应当认识到自己也是鲁迅作品的学习者,切不可以自己已经掌握了课文知识能够向学生"施教"为满足,应当感到自己在许多方面也是鲁迅思想及其作品的未知者。鲁迅作品教学活动,是在与同学们一起探索一个作品、体验一个作品,而不是在最终地判断这个作品。教师较学生有更宽广的文化视野和生活阅历,能够更深地感受鲁迅作品的内涵,因而对鲁迅作品语言的魅力也有更多的感受,因此他在教学过程中更能发挥一个教师应当发挥的主导的作用。然而,我们在教学过程中,在研读鲁迅作品的时候,也常常会产生许多困惑,会有许多解不开的纽结,这说明我们的知识储备还不够,我们同鲁迅之间还有不小的距离。因此,就鲁迅作品教学而言,教师要真正当好施教者的角色,还必须读懂鲁迅,必须悉心钻研教材,做到在鲁迅作品中读出自己的体会,并且珍视自己的直感,有了心得再去阅读教学参考书和别人研究鲁迅的文章,这也许会有更多的体悟。教师备课也只有自己钻研有心得,才不会照本宣科,在教学上才能有所发现、有所创造,从而尽可能真地走近鲁迅。前所述的窦爱君老师教《记念刘和珍君》就是一例。又如,拿写于"五四"前夕的短篇小说《药》来说,长期以来，对于《药》的主题，众说纷纭，莫衷一是。如果教师对作品没有自己的感受，同时又不去读鲁迅而不了解当时的创作背景，就会无所适从，在教学中就会偏离鲁迅"意思是在揭出病苦，引起疗救的注意"这一根本创作思想。

除了教师应该走向鲁迅，学生也应该走向鲁迅。学生阶段是人一生中健康成长的最重要阶段。阅读鲁迅作品，通过与鲁迅的对话，学生可以受到其强大的思想力量和人格魅力的熏陶，以此促进个体精神的独立与自由发展。鲁迅与青年是没有"隔膜"的，"鲁迅与青年"是一个讲不完的话题，无论在其生前身后，鲁迅都对一代又一代的青年产生了巨大的吸引力。在读鲁迅作品的同时，我们也可以读一些他人有关鲁迅的回忆性文章，如萧红的《回忆鲁迅先生》。鲁迅与青年的"相通"有两个根本点：一是"真"的精神，二是"积极进取"的精神。鲁迅的"真"可贵之处正在于他敢于公开说出别人"不敢说，不想说，不愿说，不能说"的一切真实。恰恰是在人们因为缺乏勇气而停止思考，满足于似是而非以自欺欺人时，鲁迅把思想的探索进行到底。他从不向读者隐瞒自己内心的矛盾、痛苦、迷惘、缺陷、不足与失误，甚至坦然承认自己"并非时时刻刻都说真话"，他敢于面对自身的局限，更敢于无情地批判自己。同时，鲁迅又谆谆嘱咐青年要爱惜自己的生命，要学会保护自己，"不要赤膊上阵，不求一时一地的痛快，而要做持久的努力、韧性的战斗"。这些对尚未成熟、还处于人生准备阶段的青年学生是尤为重要的。

当然，鲁迅的思想、文学中，有的是青年学生，特别是中学生所难以理解的，鲁迅还有许多超越时代的超前性的思考，更是当代人未必能完全理解与领悟的。因此，人们对鲁迅及其作品的理解与接近，必然是一个长期的过程，在这个意义上，鲁迅的书是要读一辈子的。虽然鲁迅作品所描写的人物和事件、所议论的那些问题，人们是可以感觉到、感受到的，但它们所暗示的内容却是无限的，是鲁迅自己也不一定全部意识到的。它们需要我们用一生的经历不断地去补充、去挖掘。所以说，被选入中学语文教材中的鲁迅作品是供教师和学生不断感受、思考、体悟、探索的对象。也只有这样，教师的备课、教学才具有不断探索、发现、创造的乐趣，学生对鲁迅作品的每一次学习都变成一次精神的翱翔。

（三）教法的转变，要求讲授与接受的有机融合

要深化鲁迅作品教学，当前最关键的莫过于教学方法的转变。在鲁迅作品教学中，要走近真实的鲁迅，达到预期的教学效果，就要求使教师的讲授与学生的接受达到有机的融合。鲁迅作品教学过程实质是一个师生在课堂上以鲁迅作品为中心的双边互动过程，在这个过程中，教师感受理解中的"鲁迅"与学生感受理解中的"鲁迅"相互碰撞，在碰撞中不断激活思路、拓展创造空间，实现与鲁迅的对话，从而走进鲁迅的精神世界和艺术世界。因此，我们认为，要做到教法的转变，可以从以下几个方面入手。

1. 讲究适度原则

我们已经一再强调，对鲁迅作品的阅读与理解不是一次性完成的。不光是学生，其实我们每个人在学习鲁迅作品时，都会有这样的经验：最初阅读时，很多地方都读不懂——不仅是文字不懂，更多的是内容难解。这是因为鲁迅在作品中融进了他自己的许多深刻的生命体验，读者如果没有类似的体验，是很难进入他的作品的。但随着自己人生阅历的增加和内心体验的不断丰富，读者多读几遍，就会多懂一些，对鲁迅也会有进一步的理解。过去读不懂的，回过头来重读，就会懂了；但也还有不懂的，就得继续不断地读。鲁迅作品巨大的吸引力正在于越读越想读、常读而常新。

在教学中，要求学生把每一篇课文每一个字句都"讲深读透"，这其实是不可能的，也是违反教与学的规律的。如果把学习鲁迅作品比作在大海里游泳，中学阶段只能算作在浅海近滩玩耍，对碧波万顷做一番遥远的慨叹。所以，教师们在处理作为教材内容的鲁迅作品时，可以将其分为三个部分：一部分是按教学要求必须让学生掌握，学生又可能理解的内容，那就要运用一切教学手段，努力使全体学生都能够弄懂；另一部分是针对理解能力较强的学生的内容，可以稍加

提示，不详细讲，留下余地，让他们自己去琢磨；还有一些则是学生无法理解，或这一阶段的阅读不需要他们理解的内容，则略而不讲。这样教是有"所不为才有所为，有所不讲才有所讲，有所不懂才有所懂"，删繁就简，突出重点。

例如，《阿Q正传》这部具有世界文学意义的中篇小说，反映了中国特定历史时期的世态风情和社会本质。文中塑造的阿Q形象和"阿Q性格"具有超时代、超阶级、超民族的思想意义。中学教学不可能也不允许全面铺开，教师应该根据教学要求和学生实际情况开展教学，至于学生理解到什么程度，可因人而异。教师可以选择将阿Q与革命的关系作为分析理解的切入点，即阿Q不理解革命、革命不关心阿Q，使学生认识阿Q性格在辛亥革命风暴中所表现的一个侧面，认识特定时代落后农民的愚昧麻木、自私狭隘，病态社会下中国民众的弱点和灵魂。

又如，教师介绍作者和背景，在指导学生学习鲁迅作品时，往往是不可缺少的。问题是介绍到什么程度和怎样介绍。在鲁迅作品教学中，由于缺乏统一的安排、适当的调度，教师在介绍作者与背景时，前后重复、介绍不系统的现象相当普遍，学生从初中到高中毕业，对于鲁迅能够有系统的了解的并不多。一般地说，学生在刚接触鲁迅作品时，教师可先集中地、概括地做些介绍。初中阶段，学生大致了解鲁迅是一个什么样的人，他在中国文学史上的地位如何，主要作品有哪些，就可以了。高中阶段，教师应使学生了解鲁迅思想发展的过程、影响这种发展变化的主客观因素，以及鲁迅杂文的特色和艺术成就。理想的做法是：按初、高中两个不同阶段的不同要求，以知识短文或补充资料的形式，有意识地安排几个介绍鲁迅的专题。这样教师易于把握介绍的要求和详略，学生也有可供参阅的系统资料，这对教与学都有很大的好处。在讲读具体作品时，教师还可做些必要的印证和阐发。时代背景的介绍涉及作品反映的时代和作者写作的时代，它对于学生准确地把握写作的现实背景、正确地理解作品的思想内容和现实意义是必不可少的。背景的介绍也应力求简明，以能帮助学生阅读和理解鲁迅作品为原则，起到提示作用。

2. 运用互文互训

文本间互文或互训主要指不同文本之间结构、故事等相互照应，主题的相互关联或暗合等情况，也包括一个文本对另一文本的直接注释。这种现象，在同一作家的不同文本之间，表现得尤为明显，鲁迅的作品也一样。因而，我们在解读鲁迅并且面对他的不同文本时，应保持一种整体的、比较的眼光，要在互涉文本的对照中去领悟他的作品的深刻内涵以开展教学。

首先，鲁迅小说，作为一个具有相对独立性的文学系统，应将其视为一个共同的文本世界。我们的确可以把他的所有的短篇小说看作一个整体，视为一个有机的系统构成，当作一个共同的本文世界。鲁迅先生正是以一种"散点透视"的笔法让各种人物登场、下场，以表现其思想观念。而这些人物，却又往往"互涉"，我们可以在互照互证的对读中得到更为深刻的理解。可以这样说，鲁迅先生终其一生，选择了"改造国民性"的"立人"目标为其矢志不渝的追求。他的作品，面对着强大的封建势力和广大愚昧落后的国民，进行了尖锐的嘲讽和深刻的揭露。他的小说以"改造国民性"为主脉，从不同的角度和层面——文化科举制度、礼教等级制度、文化传统习惯、文化心理定势等——对造成这种国民性的原因予以深刻的揭露，他的小说从而表现出广泛的"互涉"性，尤其是主题的相互关联和暗合的现象大量存在。如《孔乙己》之于《白光》，《离婚》之于《祝福》，《在酒楼上》之于《孤独者》，《狂人日记》之于《长明灯》，等等。又如《故乡》《社戏》的正反互补，《孔乙己》《祝福》的批判范围指向互补，《阿Q正传》《药》的互补等。总而言之，以揭露国民麻木、迟钝、落后、愚昧等劣根性达到"改造国民性"的目的是鲁迅小说的主脉。所以，在《故乡》《社戏》《孔乙己》《祝福》《药》《阿Q正传》等作品的教学中，如果不注意各篇的关联性，只就某篇进行孤立式教学，采取"只见树木不见森林"的片面做法，显然是不可取的。

其次，鲁迅的小说、杂文、散文在内容上也往往相互交融、渗透，教学中也可以互为对比、印证、互训。鲁迅作品是一个有机的系统整体，在教学中，教师要着眼于系统整体的要求，在分析具体作品时，不能从某个部分出发，而应从系统整体出发，与其他部分联系起来。尽管小说、杂文、散文的体裁、结构、表达内容不同，但在同一时期，某些思想内容在不同作品中反复出现，这就必然形成一定的交叉和渗透，因此我们在解读小说的时候，要结合杂文、散文以及其他的作品，注意彼此间的相互印证与互训。有的杂文，若可以作为小说的注解，就要对它加以介绍。例如，"五四"时期，鲁迅的基本思想是彻底否定"旧的"，朦胧追求"新的"。在《故乡》等小说中，就显得含蓄有致，以"路"象征，而在《灯下漫笔》等杂文中，则锋芒外露，用"第三样时代"来道明，互为表里。又如散文《从百草园到三味书屋》、小说《社戏》和散文诗《风筝》之间可以互相注释，这是一眼就可以看出的。又如《祝福》中有这段文字："日子很快的过去了，她的做工却丝毫没有懈，食物不论，力气是不惜的，人们都说鲁四老爷家里雇着了女工，实在比勤快的男人还勤快。到年底，扫尘，洗地，杀鸡，宰鹅，彻底的煮福礼，全是一个人担当，竟没有添短工。然而她反满足，口角边渐渐的有了笑影，脸上也白胖了。"对这段描述的理解，如果参以杂文的观点，我们可以读出深层次意义。一般都据此认为祥林嫂善良、勤劳。勤劳、善良固然是一种美德，但祥林嫂在加倍的受剥削过程中一种"反满足"的感觉，是否也使我们感到某种悲哀呢？她刚到鲁四老爷家时，还带着刚死去丈夫的悲伤，现在"口角边渐渐有了笑影，脸上也白胖了"。祥林嫂作为一个"愚弱的国民"，在"丧夫"以后需谨遵妇道、从一而终，于是她所希望、所感到满足的，就只能是这样一种被奴役的生活与地位。鲁迅在《灯下漫笔》中深刻指出：中国人在历史上从来只有两种命运，一、"想做奴隶而不得"；二、"暂时做稳了奴隶"。祥林嫂在经受了一次打击（死了第一个丈夫）之后，到鲁四老爷家打工，是"暂时做稳了奴隶"；经受了另一次沉重打击（被迫改嫁）之后，是又"暂时做稳了一阵子奴隶"；而她再到鲁镇，遵守着封建宗法制度，捐了门槛而不得"赎罪",最后被鲁家扫地出门,则是"想做奴隶也不得"了。可见,封建思想对其毒害是如此之深。因此,将有关杂文或者散文作为小说注解来读进行教学,许多认识不清的问题也就迎刃而解了。

3. 走进语言深处

对文学作品的理解首先是对作品文本的认识,即对语言的认识。语言认识是动态的,其动态性表现在这种认识像其他认识一样,受新的观点和新的洞察力的影响而不断变化,还体现在只有读者不断地面对文本,不断地追溯这种洞察力,不断地理解作者的语句,语言认识才存在。因此,要加深对作品的理解,必须不断地回到文本,重视作品表达或产生的体验、思想、信念。对作品的认识存在于理解过程中,存在于作品所表达的具体经验中,认识一部文学作品的意义和理解一部作品就是接受某种体验,没有这种体验,就不可能理解作品,至少是理解不深。

鲁迅作品的开头和结尾含蕴深厚,新颖独到,别具一格。我们可以从对鲁迅作品开头和结尾的分析中去体味运用语言之美。但是,中学生在阅读鲁迅作品时,常感到作品的开头和结尾文字艰深难懂,甚至诵读多遍,仍不解其意。教师应该从学生实际知识水平和认识水平出发,做到心中有数、因材施教。作品的开头和结尾,一般说来不是作品的重心所在,但它们在作品中仍具有重要作用。鲁迅作品的开头和结尾锤炼极精,蕴藉极深。在开头处,他总是竭力提炼最精炼、最确切的词语来定准作品的基调;在结尾处,他总是有力地收结全文,给读者留下余味无穷的思考空间,给读者以极大的启迪。如《祝福》开头第一句:"旧历的年底毕竟最象年底,村镇上不必说,就在天空中也显出将到新年的气象来。"这句话乍看,似难理解"年底象年底"是什么意思?"旧历"和谁比较?"新年"又指什么?细加品味不难看出,"最象"是比较而言的,"旧历"(阴历)是和"阳历"(公历)相比较的。我国辛亥革命以前使用阴历(亦称农历)记时。说"旧历的年底"比"阳历的年底"更像"年底",是因为1911年辛亥革命以后,中华民国政府规定民众应庆贺阳历新年。在开头第一句中,鲁迅拿这两者相比较，不仅交代了故事发生的具体时间（辛亥革命以后），而且还巧妙点明故事发生的历史背景。"最象"前的副词"毕竟"，更值得咀嚼玩味。这可谓"点睛"之笔，表明时代虽然已经进入"民国"，但人们的习俗依旧。"祝福"，这"鲁镇年终的大典"，仍然"年年如此，家家如此"，而且，封建遗老鲁四老爷"比先前并没有什么大改变"。这一切都深刻揭示了辛亥革命虽然在表面上取得"共和"的招牌，然而"内骨子是依旧的"（《朝花夕拾·范爱农》）。走进了这个极富深意的句子，我们也就会明白产生祥林嫂这样的悲剧是必然的。又如《孔乙己》中最后一句："我到现在终于没有见——大约孔乙己的确死了。"这是一个给人以无限遐想的言有尽而意无穷的结句，它有力地深化了小说的主题。作者先用"终于"强调从那年"年关"以来，长时间一直"没有见"孔乙己了，然后用诠释性的破折号承接，表示"我"对孔乙己结局的揣测、判断。"大约"是表示推测之词，"的确"是表示肯定之词，表面看似乎前后矛盾。其实，这两个词是"点睛"之笔，深刻地揭露了旧中国社会的凉薄和穷苦人民的悲惨遭遇。小伙计"我"没有亲眼看见孔乙己之死，只能用"大约"来推测；但联系孔乙己腿未被打断以前生活已十分艰难，特别是最后一次看见被丁举人打断腿的孔乙己用手走路来喝酒的凄苦情景，"我"判断孔乙己断腿以后，除了病死、穷死别无生路。所以，长时间没有看到孔乙己，可见孔乙己已无声无息地消失了。"的确"死了，这是无疑的。

　　鲁迅先生很讲究语词的运用，因此他就十分注重文字的修改，他认为"自己觉得拗口的，就增删几个字，一定要它读得顺口"[33]。我们可以从鲁迅先生自己的修改范例中去体味运用语言之美，从而进一步地去理解句子中蕴含的深意。在《藤野先生》中有这么一个句子："大概是物以希为贵罢。北京的白菜运往（原为'一到'）浙江，便用红头绳系住菜根，倒挂在水果店头，尊为'胶菜'；福建野生着的芦荟，一到（原为'运往'）北京就请进温室，且美其名曰'龙舌兰'。"这个句子中，初看只是"运往"与"一到"交换了一下位置。其实，

这前后一交换，意义的轻重缓急就大相径庭了。"运往"只是一般的叙述，分量较轻，而"一到"则是指刚刚到达的那一瞬间，更富于表现力，因而分量较重。在一般的句法系统中，往往把意义较重的词语放在句子的后面。而根据文章具体的语境，鲁迅先生意在强调"我"的"物以希为贵"，因此互换了二词的位置。这样一改，就突出了重点。[34]

我们还可以从对标点符号的揣摩中走向作品的深处。鲁迅十分注重标点符号的锤炼和正确运用。"鲁迅先生在创作实践中运用标点符号和其他符号，从来不把它们作为游离于作品之外的附属物、装饰品，而总是把它们作为作品语言的有机组成部分，把它们作为塑造人物、表现人物性格的有力手段。"[35] 所以，要帮助中学生读懂和理解鲁迅作品，我们还不能忽略对鲁迅作品中标点符号的揣摩。鲁迅作品的语言所以生动传神，达到炉火纯青的境界，精当地使用标点符号是重要原因之一。在对人物心理的刻画时，鲁迅十分注重综合运用标点来进行细腻的描摹。标点与文字的精妙配合，成为鲁迅作品中的一朵奇葩。如《故乡》中当"我"的母亲提起闰土，"我"儿时的记忆"忽而全都闪电似的苏生过来后"，"我"便回答："这好极！他，——怎样？……"这句话中，作者一连用了五种不同的标点。在阅读中，我们设想一下，假使把某几个标点去掉，变成"这好极！他怎样？"试读比较一下，会怎样？我们会体会到，后者只显示出"我"的急切与兴奋，而前者正是通过这五种截然不同的标点，细腻而又富有层次地刻画出了"我"此时极为复杂的心理历程："！"表达出"我"即将与少年好友重逢的兴奋激动之情；"，"表达出"我"对闰土形象的短暂的猜想与复现；"——"表达的是"我"目睹故乡的破败不堪后，生发出对闰土的一丝担忧；"？……"则展示了"我"急欲见闰土却又担心其命运的复杂心情。这里的每一个标点符号都蕴含着它独特的意义。因此，正是通过这五个标点，恰如其分地把"我"当时心中的波澜一步一步地展现在读者的面前。[36]

4. 强化体验感悟

体验是意义的瞬间生成。体验不同于经验。如果说经验是知识的积累，指向的是客观世界，那么体验则是价值的叩问，指向的是精神世界。从根本上讲，走进鲁迅作品其实就是师生的一种生命的投入，是对文本的深层领悟和沉醉痴迷，它意味着两种视界的融合，意味着新的视界的生成。这不但是一种情感的宣泄，更是一种灵魂的唤醒，是一种生命的超越。

走近鲁迅不仅仅是对作品"原意"的追索或还原，更重要的是让学生以自我的感性血肉之躯去触摸、去品味、去探究、去发现作品，调动全部生命力和熔铸全部人格以达到"整体震颤"。学生的阅读与理解都是在阅读对象上打上自我的鲜明的痕迹。他所感受到的是只有他自己才能感悟到的东西。他对文本的理解和发现，是自我灵魂的写照，是对世界、对人生存在方式的一种透视，是学生生命意义的一种投射和昭示。不同的学生生成各不相同的体验。一个哈姆雷特可以演变为成千上万个哈姆雷特，便是如此。哈姆雷特只有一个，但对每个学生来说，他永远是一个新奇的人物。这是因为学生"在一刹那间与这个人物打成一片"，获得了"直截了当的，不可分割的感受"。[37]

可以这么说，对文学作品的理解在一定程度上就是对作品意义的感知和体验。以小说为例，有人认为鲁迅小说的成功之处在于"定位于揭示痛苦，而不是开出药方；定位于引起读者的注意、思考，而不是告诉读者一个直接的主题"[38]。但是，目前在中学阶段，关于鲁迅小说的教学，我们仍然能够发现很多教师依旧囿于以作者介绍、作品的时代背景、段落大意到中心思想、写作特点的"八股"教学方式，只对作品主题谋篇布局和语言特色进行理性的比较分析，这种规范方式缺少的正是学生的感悟。教师拿到鲁迅的小说，常常对行文的"起、承、转、合"做理性分析，或者是按"知识点"的条条框框和课后思考题的模式逐一分析、解答、落实，把鲁迅作品肢解成应试的语言材料，做"条分缕析"的解剖，忽略了学生的体验。所以说，这种教学程序显然存在着公式化、标准化、功利化的倾向。而小说描绘

具象，就是需要让学生自己去阅读、去体验、去感悟、去思考、去寻找不同的答案，从有限的文字中寻觅无穷的含义。因此，鲁迅小说的解读，不在于分析和告知，而在于体验和发现，而这种理念在鲁迅其他作品中也同样适用。

因为中学生的记忆力处于一生中的黄金时期，所以对鲁迅作品中的一些精彩片段，我们可以要求学生熟读和背诵，让学生在背诵中获得自己切身的感受与体会，而不是靠教师喋喋不休的讲解。例如，《从百草园到三味书屋》对百草园自然风景的描写，在熟读和背诵中，学生可以感受到从整体到局部，从植物到动物，从静景到动景，从听觉到视觉多角度传达出的快乐；《故乡》中对人物肖像的描写寥寥数笔即神情毕现，对人物语言的描写不仅使人如闻其声，而且如见其人；《社戏》看戏途中的景物描写极富诗情画意。通过尽可能多地背诵这些可以作为典范的段落，不但可以提高学生对作品的感受力而且有助于提高学生的写作能力。

让学生进入作品之中，获得自己切身的感受与体会是尤为关键的问题。例如，学生在读了鲁迅的小说后，对小说里的悲剧人物周围的一大群人感觉"不怎么好"，甚至"令人生厌"。在教学中，教师就要以此作为切入点，分析作者这样安排的用意。如《药》里，鲁迅表现革命者夏瑜的悲剧时，着重铺写的不是夏瑜与统治者及其帮凶的矛盾，而是夏瑜与驼背五少爷、花白胡子、二十多岁的人等这些茶客们的矛盾，所以茶馆里的那一段精彩对白应当作为师生共同体验的主体来感受。其实，描写并不引人注意的"闲人"，正是鲁迅小说的高明之处。又如《祝福》中，"我"向短工询问祥林嫂的死的一个片段，短工的冷漠可以从他"头也不抬起来"的不屑中见出。"鲁迅正是为了充分地展开'改造国民性'的主题，在作品中特别注意对有名无名的群众的描写。"[39] 所以，明白了这一点，我们在教学过程中就会充分关注这些人物，学生就会感受到作者的用意，从而有助于他们对全文的准确理解和把握。

下面的一个《祝福》的课例[40]就结合了学生的体验，巧妙地导向了作品的主题的理解。

师：祥林嫂是一个"没有春天的女人"，大家能否在课文中找到依据，来证实老师的看法呢？

生："没有春天的女人"？（颇感惊讶，继而自读思考，兴致勃勃地议论）

生："她是春天没了丈夫的。"

生：她是春天被迫改嫁的，她婆婆借口"开春事务忙"，将她绑架回去，"是早已许给了贺家墺的贺老六的"。回家之后不几天，"用绳子一捆，塞到花轿里，抬到男家"，"她一路只是嚎，骂"，拜天地时，"她一头撞在香案角上，头上碰了一个大窟窿，鲜血直流"，身心均受到了巨大的摧残。

生：她后来的丈夫又得伤寒死了，"幸亏有儿子；她又能做……本来还可以守着，谁知道那孩子又会给狼衔去的呢？春天快完了，村上倒反来了狼……现在她只剩了一个光身了。"

生：被人们弃在尘芥堆中的祥林嫂，是在迎春之日死去的，"鲁镇年终的大典，致敬尽礼，迎接福神，拜求来年一年中的好运气的"。在鲁镇的一片祥和的祝福声中，在漫天风雪的街头，她带着对魂灵的有无的疑问悄然无声地离去。实际上，她也是在对春天的向往和对春天的绝望中离开人世的。

师：作者刻意描写了丧夫、再嫁、失子、归天几个最关键的情节，这说明了什么？（黑板上出现了祥林嫂悲惨命运发展的轨迹：立春之日，丈夫死去；孟春之日，被迫改嫁；暮春之日，痛失爱子；迎春之日，一命归天）

生：祥林嫂是一个没有春天的苦命女人！（齐声）

这里，教师紧紧抓住学生对"春天"这一可感性的线索，调动学生主动学习的兴趣，突出了祥林嫂没有"春天"的悲剧命运，使学生感受到了其中蕴含的深邃象征意义：作者将万物生机盎然的春天给祥林嫂做自然的背景，而通过对影响她命运的重要事件的描写，更加鲜明深刻地揭露了社会环境的恶劣。以此，学生也就明白了停滞、落后的半殖民地半封建的旧社会是产生祥林嫂没有"春天"的悲剧命运的根源，理解了作者借批判国民麻木、迟钝、落后、愚昧的劣根性以达到"改造国民精神"的写作目的。

结语

　　中学鲁迅作品教学是一个庞大的工程，本文仅围绕现行教材中的鲁迅作品，就如何抓住该作品的特点进行教学做了初步的探索。本文所指的小说教学未涉及《故事新编》，杂文教学也仅局限于教材选编的传统篇目，散文也只是对《朝花夕拾》中后期的作品进行分析，并较少涉及鲁迅作品中不可忽略的散文诗集《野草》以及大量的日记。本文副标题中所谓的"深化"，其实只是对笔者教材中的鲁迅作品教学的一点粗浅的思考。而真正的"深化"不能只限于教材中的鲁迅作品，应该指向鲁迅作品的全部。尤其在新课程背景之下，21世纪的中学鲁迅作品教学自然地承载着更新更丰富的内涵和意义。因此，对于新世纪的鲁迅作品教学而言，还有很多内容可以探究，本文只是一个开端而已。如果把鲁迅作为课程资源，开设鲁迅专题，对鲁迅进行系统完整而全面的学习，这就涉及了课程的设置、教材的选编、教学内容的取舍以及教学方法的处理等问题。开发鲁迅课程，引导学生用一生的时间去读鲁迅原著，这是我们接下来要探索的内容。好在，现在已经有许多鲁迅研究专家和广大语文教学工作者投入中学鲁迅作品教学研究的行列之中，笔者对无限地接近鲁迅本体充满了信心，同时也对在鲁迅思想照耀之下形成健全人格充满了信心。

注释

[1]钱文.我的几点思考[J].语文教学通讯，2000（21-22）：19.

[2]浙江省义务教育初中语文编写组.义务教育初级中学语文第三册教学参考书[Z].杭州：浙江教育出版社，1998：34.

[3]浙江省义务教育初中语文编写组.义务教育初级中学课本语文第六册[Z].杭州：浙江教育出版社，1999：84.

[4]李苑.鲁迅：不朽的丰碑——鲁迅作品在高中语文新教材中的教学研究[J].四川教育学院学报，2002（3）：36.

[5]安永兴.走向鲁迅的初级阶段[J].语文教学通讯，2000（21-22）：22.

[6][16][19]王荣生.语文科课程理论基础[M].上海：上海教育出版社，2003.41，332，331.

[7][9][18]王嘉良.鲁迅作品教学漫议[J].语文教研，2002（1）：5，5，6.

[8]鲁迅.《呐喊》自序[A]//鲁迅.鲁迅全集：第1卷[M].北京：人民教育出版社，1981：417.

[10]浙江省义务教育初中语文编写组.义务教育初级中学语文第六册教学参考书[Z].杭州：浙江教育出版社，2000：57.

[11][12][29]王吉鹏，韩艳梅，刘洪梅.中学语文中的鲁迅[C].长春：吉林人民出版社，2000：158，224，27，32.

[13]鲁迅.集外集拾遗补编《泽洞花》小引[A]//鲁迅.鲁迅全集：第8卷[M].北京：人民教育出版社，1981.145.

[14]蒋成瑀.语文课读解学[M].杭州：浙江大学出版社，2000：257.

[15]任广田.论鲁迅艺术创造系统[M].西安：陕西人民教育出版社，1996：99.

[17]人民教育出版社中学语文室.教师教学用书语文第一册[Z].北京：人民教育出版社，2000：1.

[20]刘扬烈.鲁迅杂文的诗情美[J].渝州大学学报(哲学社会科学版),1994(2):38.

[21]人民教育出版社中学语文室.教师教学用书语文第一册[Z].北京:人民教育出版社,2000:52.

[22]窦爱君.用心灵品读你:《记念刘和珍君》教学手记[Z].http://sq.k12.com.cn,2004-2-16.

[23]伍蠡甫,胡经之.西方文艺理论名著选编:中卷[C].北京:北京大学出版社,1986:411.

[24][26]王嘉良.诗情的传达与审美构造:鲁迅杂文的诗学意义阐释[M].天津:天津人民出版社,1997:64,66.

[25]王嘉良.形象反映方式与艺术思维特质:鲁迅杂文的诗学意义阐释[J].鲁迅研究月刊,1997(4):21.

[27]金红.《从百草园到三味书屋》主题寻绎[J].沈阳师范学院学报(社会科学版),2002(6):56.

[28]张超.《从百草园到三味书屋》教学设计[J].中学语文教学,2002(7):43.

[30]周燕."阿Q向自己身上扑来":走出文学教学的误区[J].语文学习,2004(1):18.

[31]王富仁.最是鲁迅应该读:关于中学鲁迅作品教学的几点思考[N].中国教育报,2001-10-25.

[32]陈杰.关怀人性与张扬理性[J].语文教学通讯,2003,(10):22.

[33]鲁迅.南腔北调集·我怎么做起小说来[A]//鲁迅.鲁迅全集:第4卷[M].人民文学出版社,1981:512.

[34]胡奇良.咬文嚼字:培养语文意识的台阶[J].语文教学与研究,2004(1):46.

[35]张向群.鲁迅语言中的非语言符号艺术[J].陕西师范大学学报(哲学社会科学版),1997,(1):78.

[36]胡奇良.用"语文"来说话[J].语文学刊(基础教育版),2004(1):92.

[37]曹明海.文学解读学导论[M].北京：人民文学出版社，1997.60.

[38]姚桃娟.鲁迅小说教学的新思维[J].宁波高等专科学校学报，2001（1）：108.

[39]李明军.中学鲁迅小说教学杂谈[J].内蒙古教育学院学报（哲学社会科学版），1999（1）：116.

[40]张华国.我教《祝福》一法[J].语文教学通讯，1997（11）：16.

参考文献

[1]张世英.进入澄明之境：哲学的新方向[M].北京：商务印书馆，1999.

[2]蒋成瑀，刘福根，张孔义.中学语文经典课文特级教师教案案例精编[C].北京：语文出版社，2003.

[3]王富仁.中国文化的守夜人：鲁迅[M].北京：人民文学出版社，2002.

[4]中华人民共和国教育部.普通高中语文课程标准（实验）[S].北京：人民文学出版社，2003.

[5]钱理群.鲁迅作品十五讲[M].北京：北京大学出版社，2003.

[6]刘刚，但国干.鲁迅语言修改艺术[M].北京：中央民族学院出版社，1993.

[7]吴中杰.吴中杰点评鲁迅杂文[M].上海：复旦大学出版社，2000.

[8]陈漱渝.说不尽的阿Q：无处不在的魂灵[C].北京：中国文联出版公司，1997.

[9]钟敬文.寻找鲁迅　鲁迅印象[M].北京：北京出版社，2002.

[10]冯光廉，刘增人，谭桂林.多维视野中的鲁迅[C].济南：山东教育出版社，2002.

[11]肖川.教育的理想与信念[M].长沙：岳麓书社，2002.

[12]郭思乐.教育走向生本[M].北京：人民教育出版社，2001.

[13]约翰·洛克.教育漫话[M].傅任敢，译.北京：教育科学出版社，1999.

[14]周作人，周建人.年少沧桑[M].石家庄：河北教育出版社，2002.
[15]许寿裳.挚友的怀念[M].石家庄：河北教育出版社，2002.
[16]金元浦.接受反应文论[M].济南：山东教育出版社，1998.
[17]杜时忠.人文教育论[M].南京：江苏教育出版社，1999.
[18]海德格尔.人，诗意地安居[M].郜元宝，译.桂林：广西师范大学出版社，2000.
[19]盛海耕.品味文学[M].上海：上海教育出版社，2001.
[20]伍蠡甫，胡经之.西方文艺理论名著选编[C].北京：北京大学出版社，1986.
[21]王尚文.中学语文教学研究[M].北京：高等教育出版社，2002.
[22]李海林.言语教学论[M].上海：上海教育出版社，2000.
[23]皮连生.学与教的心理学[M].上海：华东师范大学出版社，1997.
[24]王纪人.文艺学与语文教育[M].上海：上海人民出版社，1995.
[25]蒋成瑀.语文课读解学[M].杭州：浙江大学出版社，2000.
[26]施良方.学习论[M].北京：人民教育出版社，1994.

浙江师范大学语文教育学硕士毕业论文，2004年6月

第二辑
教材分析

"学习任务群"教学设计的三个关注点

——以统编教材必修上册思辨性阅读教学为例

统编版《普通高中语文课程标准》(简称《新课程标准》)指出,"语文学习任务群"以任务为导向,以学习项目为载体,整合学习情境、学习内容、学习方法和学习资源,引导学生在运用语言的过程中提升语文素养。从目前的教学实际情况来看,教师对"任务群教学"的认识存在着一些偏差,下面本文以思辨性阅读教学为例,谈谈"学习任务群"教学要关注的三个点。

一是要关注选文的目的性。这个维度有三个关键词:立德树人、时代特色、核心素养。

《新课程标准》设计的18个任务群,以必修、选择性必修和选修三种课程结构形式,通过阅读与鉴赏、表达与交流、梳理与探究等语文学习活动,发展学生的语文核心素养,落实"立德树人"根本任务。课程目标包括语言的积累与建构、表达与交流、梳理与整合;增强形象思维能力、发展逻辑思维、提升思维品质;通过鉴赏文学作品,增进对祖国语言文字的审美体验以及对美的表达与创造;传承中华文化、理解多样文化、关注并参与当代文化,以坚定文化自信。

统编版《普通高中语文必修教材上册》第六单元,围绕"学习之道"这个人文主题选择了《劝学》《师说》《反对党八股》《拿来主义》《读书:目的和前提》《上图书馆》等六个论述文文本。从写作时间来看,这几篇课文涉及古今中外,各具时代性和针对性;从内容方面来看,它们从不同角度论述有关学习的问题,或阐述学习的意义,或讨论学习的态度和方法，或描述读书的经历和感受，关涉后天学习的重要性、倡导师道回归、倡导理论联系实际的马克思主义文风、提倡拿来主义、读书的意义以及"上图书馆"的乐趣等；从教材的安排来看，第六单元指向"思辨性阅读与表达"这一任务群的学习；这一单元的教学培养核心素养，是认识和掌握论述文基本的思辨方式，具体任务是：准确把握和评价文章的观点，学习思辨方法；梳理论述思路和思辨的途径，学习以合适的角度和恰当的方式有针对性地阐发自己观点的方法；学习思辨类文章，学会发现问题、解决问题。

二是要关注设计的原则性。这个维度有三个关键词：**任务导向、真实情境、语言运用。**

《新课程标准》指出，语文课程要"引导学生在真实的语言运用情境中，通过自主的语言实践活动，积累言语经验，培养运用祖国语文文字的能力"。教材呈现的是大单元学习任务设计，一个单元围绕"任务群"选择教材文本。单元学习任务是"面"，课文学习是"点"，要在整体把握单元学习任务这个"面"的基础上，安排"点"的教学。从教材的角度来说，一个单元中的几个教学文本，各自承担了不同的教学任务内容，设计时要"点面"结合，形成"结构化"，并使之"课程化"。因此，教师在进行教学设计时必须清楚这个单元、这一篇课文的教学任务是什么。我们要根据教材选文的目的性和"群文阅读"安排的学习任务，把任务落实到具体的文本中去。请看教材提示的学习任务。（如表 2-1 所示）

表 2-1　学习任务概况

篇目	学习任务
10.《劝学》《师说》	1. 把握关于学习的主要观点。 （关于论述观点的提出） 2. 联系作者的思想主张和写作背景理解文章的观点，分析作者提出观点的依据。 （关于论证角度的选择） 3. 结合今天的社会生活，借鉴荀子和韩愈的学习观并做出评价。 （关于论述观点的评价）

（续表）

篇目	学习任务
11.《反对党八股》	1. 理解文章的针对性和现实意义。 （关于观点的现实性与批判性） 2. 体会文章的表达方式和语言风格。 （关于表达的目的与表达的效果）
12.《拿来主义》	1. 学习破立结合的写法，把握论述的脉络与层次。 （关于论述结构的安排） 2. 体会比喻论证的表达效果。 （关于论证方法的运用）
13.《读书：目的与前提》《上图书馆》	1. 学习灵活自由的表达。 （关于随笔的写法） 2. 联系自己，思考阅读的意义。 （关于发现问题的方法）

从表 2-1 中我们可以看出，每篇课文分别承担了这个单元不同角度的学习任务。也就是说，我们在教学设计时，要教"出"这个单元中的"这一篇"。教材中的文章既是学习的目的，也是学习的例子。从例子的角度来看，"这一篇"是有特定的学习任务的。我们不能走老路，尤其要避免因教学碎片化问题而导致这一篇教学任务与单元教学任务不关联，课文与课文之间的教学任务不关联，出现学习任务复沓、侧重点不明确的问题。

下面就《劝学》《师说》一课，说说苏教版和统编版的不同设计。（如表 2-2 所示）

表 2-2　两种版本的不同设计（以《劝学》和《师说》为例）

版本	单元任务	板块任务	课文具体任务	教学目标设计 （真实情境的语言运用）
苏教版	获得教养的途径	求学之道。	1. 认识自主学习、"从师而学"是一个人获得教养的重要途径。 2. 了解《师说》的写作背景，把握其基本观点，理解"从师学习"在今天的意义。	1. 通过比较荀子和韩愈对学习规律性的不同认识，领悟中国古代关于获取教养途径的重要思想。 2. 能结合当今实际，讨论"师"的内涵及现实意义。
统编版	探索"学习之道"，形成正确的学习观	1. 准确把握和评价文章的观点，学习思辨方法。 2. 梳理论述思路和思辨的途径。	1. 把握关于学习的主要观点。 （关于论述观点的提出） 2. 联系作者的思想主张和写作背景理解文章的观点，分析作者提出观点的依据。 （关于论证角度的选择） 3. 结合今天的社会生活，借鉴荀子和韩愈的学习观并做出评价。 （关于论述观点的评价）	1. 能准确地把握文章的观点。 2. 能知人论世，理解作者提出观点的缘由。 3. 讨论比较荀子和韩愈的学习观，能说出或借鉴或更新的理由。

两个版本因任务不同，文章承担的教学目标也就不同。从表 2-2 可以看出，苏教版侧重于要学生认识"学习"和"从师"对获得教养的途径的作用与意义，而统编版则是为了探索"学习之道"，让学生形成正确的学习观。为此，在设计真实教学情境中的语言运用时，苏教版重在通过比较的方式领悟荀子和韩愈的学习观对获取教养的作用，并结合当下，讨论"师"的丰富内涵，进一步理解后天学习"善假于物"对获得教养的意义；统编版则将"把握观点""掌握论辩角

度和思路"作为重点,并以此为依据设计教学目标,与苏教版截然不同。

三是要关注教学的实践性。这个维度有三个关键词:项目驱动、自主学习、思维提升。

"学习任务群"以自主、合作、探究性学习为主要学习方式,重视学生学习语文的根本途径。这些"学习任务群"追求语言、知识、技能和思想情感、文化修养等多方面、多层次目标发展的综合效应,而不是学科知识逐"点"解析、学科技能逐项训练的简单线性排列和连接。

因此,"学习任务群"教学要"以项目学习作为方向,以自主学习作为主要的学习方式,在真实的语言运用情境中,通过自主的语言实践活动,发展思辨能力,提升思维品质",力求改变教师大量讲解分析的教学模式。

结合上述统编版《普通高中语文必修教材上册》第六单元来看,教师在教学实践中,要以"议论的针对性"这个项目为方向,组织学生发现每一课中作者针对现实生活中的什么问题发表了议论。如《师说》针对当时士大夫"耻学于师"的风气,《反对党八股》指向当时党内的主观主义和宗派主义倾向。同时,教师要注意培养学生的思维品质,认识文本中由具体到抽象、由个别到普遍,由此及彼,从古到今等思维方式。如《拿来主义》不局限于批判当时的"送去",概述出作者独创的"拿来主义"。

关于经由项目学习、自主探究提升学生思维品质的实践,笔者曾经尝试选择丰之余和达伍的三篇杂文《推》《第三种人的"推"》和《"推"的余谈》,在设计实践中,以"看见思维"为项目方向,组织学生通过还原作者思维过程,比较针对同类问题呈现独特思维的异同,以此发展学生的逻辑思辨能力,最后用一段发生在2011年"上海一位拾荒老人坐公交遭司机和乘客责骂驱赶"的视频,促发学生思考。具体设计及实践过程,另文再述。

总之,"学习任务群"教学设计要关注的三个点,关涉课程与教材的融合、关涉任务与项目的指向、关涉主体与素养的目标,在教学设计和实践中,聚焦点要放在上什么内容能让学生学有所得。

发表于《语文周报》2020年6月29日,第1版及第8版

一个"非人"的被"穷死"
——祥林嫂之死分析

鲁迅在《灯下漫笔》中说"有一种暴力将人不当人,不但不当人,还不及牛马,不算什么东西","中国人向来就没有争到过'人'的价格"。为引起"疗救的注意",鲁迅先生形象化地再现了一系列形形色色的"非人"形象。祥林嫂就是众多"非人"形象中的一个典型。祥林嫂由一个具有顽强生命力的"人"变成一个"非人",最终在短工眼里"还不是穷死"地死去。

祥林嫂曾经是一个生命力极其旺盛的人。初到鲁镇,"试工期内她整天的做,似乎闲着就无聊"。被逼再嫁时,她又哭又嚎,"两个男人和她的小叔子使劲擒住她也还拜不成天地"。而"阿毛死了"的诉说,对灵魂、地狱有无的探问表现出她对生的渴望。然而,祥林嫂在鲁四老爷的眼里是一个"谬种"。祥林嫂的死,是一种以他杀和自杀的行为合作而完成的必然死亡,迫害祥林嫂的,是个无名的杀人团,这个无名的杀人团包括祥林嫂自己,所有杀人者的行为都是自觉或不自觉地受封建文化思想的驱使。小说正是要揭示出封建宗法社会中"非人"的生存状态——人活着,没有个性,没有精神自由,没有劳动创造的快乐——这便是人的异化。祥林嫂就是这样一个没有自主权、没有经济基础、没有爱情、没有亲情以及没有人同情的"非人"。鲁迅先生塑造这么一个"非人"形象,就是为了展现在封建宗法制度笼罩下的人的悲剧。正因为人已"非人",所以鲁迅提出必须"立人"。接下来,我们来看一下祥林嫂的"非人"处境。

其一，祥林嫂没有自主权。

卫老婆子的话道出了祥林嫂被抓回去的原因："……她有小叔子，也得娶老婆。不嫁了她，那有这一注钱来做聘礼？……倘许给本村人，财礼就不多；惟独肯嫁进深山野坳里去的女人少，所以她就到手了八十千。现在第二个儿子的媳妇也娶进了，财礼花了五十，除去办喜事的费用，还剩十多千。……"就这样，祥林嫂像货物一样被卖到了贺家坳。又过了两年之后的一个秋季，卫老婆子的解释让我们明白了祥林嫂在贺家坳被扫地出门的原因："……幸亏有儿子；她又能做，打柴摘茶养蚕都来得，本来还可以守着，谁知道那孩子又会给狼衔去的呢？……现在她只剩了一个光身了。大伯来收屋，又赶她。她真是走投无路了，只好来求老主人……"祥林嫂可以被婆婆卖到山里，又可以被大伯赶出，根本就没有一点"自作主张"的权利，而问题的关键是祥林嫂自己也认为这一切都是天经地义的，谁叫自己二十六七岁就守了寡、寡了又再嫁呢？她头上始终扎着的白头绳就是一个十分鲜明的标志。在那样的社会里，祥林嫂没有自我控制权，她不能选择自己想要的生活。

其二，祥林嫂没有经济基础。

祥林嫂从婆家逃到鲁镇做佣人，"每月工钱五百文"。鲁迅在文中写到的"福兴楼的清炖鱼翅，一元一大盘，价廉物美"说明祥林嫂辛辛苦苦做一个月，所得的工钱只能买半盘清炖鱼翅，而这，她居然还很满足，鲁四老爷居然能够雇用她也只是因为她"价廉物美"。当祥林嫂被卖给了贺老六，不但"八十千钱一文不曾拥有"，而且她在鲁四老爷家的工钱"一共一千七百五十文，她全存在主人家，一文也还没有用，便都交给她的婆婆"。钱对她来说，毫无用处，她只想得到做工和祭祀的权利。再次回到鲁镇的祥林嫂在听了柳妈"好心"劝告后，为自己赎罪，"快够一年，她才从四婶手里支取了历来积存的工钱，换算了十二元鹰洋"，倾其所有，到土地庙捐了一条门槛做"替身"。她想用钱来换取下辈子的自由。最后，她被鲁家逐出，沦为乞丐，一直到"我"看到"她一手提着竹篮。内中一个破碗，空的"。

一个没有经济依靠、没有生活来源的"无聊生者"就这样被"穷死"了。她的死对于别人来说是无足轻重的，尤其是已经失去了被利用的价值之后。祥林嫂的勤劳不能使她变得富裕，也不能改变她被"穷死"的命运。

其三，祥林嫂没有爱情。

祥林嫂的第一次婚姻就是没有爱的婚姻。在"等郎媳"的习俗下，她嫁给比自己小十岁的祥林，祥林太小，而且很快就死了。祥林嫂虽是个有情有欲的年轻女性，但这样的婚姻要谈爱情从何说起？祥林嫂的第二次婚姻同样是没有爱的。祥林死后，祥林嫂在婆家彻底失去了地位，她背着婆婆到鲁镇打工，也是想保住女贞的名节，维护她所认为的"自尊"。她以微薄的力量捍卫着第一次婚姻——没有爱只有名的虚妄的婚姻。然而，祥林嫂"想做奴隶而不得"，被婆婆卖给了贺老六。在祥林嫂看来，寡而再嫁是极其耻辱的事，被耻辱感伴随的祥林嫂又怎能和贺老六产生真正的爱情呢？她不过是"暂时做稳了奴隶"罢了。祥林嫂有反抗精神，但她的反抗不是因为爱情，而是为了争得做"寡妇"的权利。在封闭、保守的鲁镇，祥林嫂生存的权利都被剥夺了，哪里还有爱情？是"吃人"的封建礼教吞噬了祥林嫂，同样也是封建礼教泯灭了祥林嫂的爱，她是没有机会获得爱情的了。

其四，祥林嫂没有亲情。

"大家都叫她祥林嫂；没问她姓什么，但中人是卫家山人，既说是邻居，那大概也就姓卫了"。祥林嫂不知姓甚名谁，也不知籍贯何处，在卫家山最亲的亲人就剩她婆婆了，而这婆婆却是造成祥林嫂悲剧的一大元凶，是她结束了祥林嫂"暂时做稳了奴隶"的生活。再嫁后的男人得了伤寒而病故，又一次让她失去了最亲的亲人，本来留下个儿子还可以有个依靠，可惜最终还是被狼叼走了，大伯又来"收屋"，更属无情无义。祥林嫂唯一的心灵寄托只有阿毛了，从祥林嫂向别人诉说阿毛的故事中，我们不难看出亲情之爱的刻骨铭心，这种爱是祥林嫂精神上的最大慰藉，然而，这种爱随着阿毛的死而消失了，祥林嫂的精神也就趋于死亡。"百无聊赖"的祥林嫂"被无常打扫得干干净净"，最终也就没人牵挂了。

其五，祥林嫂没有人同情。

在祥林嫂短暂的一生中，看似同情她的有四个人：四婶、卫老婆子、柳妈和"我"。祥林嫂初到鲁镇时，四婶"看她模样还周正……很像一个安分耐劳的人"，才"将她留下了"。祥林嫂被抢走，被逼改嫁，文中没有提到四婶有丝毫的同情，直到听说祥林嫂生了个男孩她才说"真是交了好运了"。四婶认为再也不能指望祥林嫂劳动了，"也就不再提起祥林嫂"。祥林嫂第二次到鲁镇时，四婶听完她的遭遇"眼圈有些红"，但她看到祥林嫂劳动远不及过去，也就不满了，当面"警告"直至剥夺她劳动的权利，让她流浪街头，走上死亡之路。四婶看似收留了祥林嫂，实际不过是为了自己的私利，是她从行动上将祥林嫂推上了不归路。"中人"卫老婆子出于生存的需要，一面要巴结四叔一家，一面要维持自己的生计，全不把祥林嫂的命运放在眼里，初荐时她隐瞒祥林嫂"是逃出来的"事实，再荐时也是想到她"熟门熟路"，根本不是出于对祥林嫂的同情。直到后来，祥林嫂被四叔家赶出，作为"中人"，卫老婆子肯定是知道的，因而祥林嫂成为乞丐直至最后死亡，卫老婆子是脱不了干系的。"善女人"柳妈在听祥林嫂絮絮叨叨的时候，居然要她"或者索性撞一个死"。祥林嫂被逼再嫁，柳妈赤裸裸地恐吓并怂恿祥林嫂去"捐门槛"，直至祥林嫂为之付出生命的代价。所以这个"善女人"其实也是冷酷的，她也不过是个普普通通的劳动妇女，但她又无意做了祥林嫂的思想上的杀手。而文中的"我"，作为封建重压下刚刚觉醒的新派知识分子，其软弱和圆滑世故，实际上仍是祥林嫂走向死亡之路的推手。综上四人看来，在鲁镇，那些表面看似祥林嫂"救星"的人，实则仍是杀人团的成员之一。

总之，勤劳能干、善良本分的祥林嫂最终在祝福夜里如草芥般死去，在当时的主流社会，她这个"无聊生者"是无论如何都争取不到做人甚至"做奴隶"的权利的。如果说阿毛死后，大伯收屋是在物质层面剥夺了祥林嫂的居留权，那么四叔、四婶阻止祥林嫂参与祭祀，则是在精神层面剥夺了她的归属权。初到鲁镇的她勉强可以做一个奴隶，再醮再寡的她就"做奴隶而不得"了，四婶的一声断喝彻底断送了她的梦想。这"非人"的处境使祥林嫂没有了自主权、没有了经济基础、没有了爱情、没有了亲情以及没有人来同情，在同是下层的短工眼里祥林嫂是被"穷死"的就见怪不怪了。短工是暂时做稳了奴隶，而祥林嫂因再醮再寡而"百无聊赖"，在短工看来这是理所当然的。所以关于祥林嫂怎么死，短工认为的"穷死"代表了同在鲁镇屋檐下的大部分"非人"的意见，以此可见当时社会"浓黑的悲凉"。

卡西尔说"人是符号的动物"。祥林嫂千方百计想归属到当时主流社会的符号体系中。她逃跑到鲁镇做工，用生命抗婚，两次到鲁镇都是"头上扎着白头绳"，捐门槛"赎罪"，临死时怀疑灵魂的有无……这些其实都是祥林嫂自觉维护主流符号的体现，也都是她想归属到当时主流社会的符号体系中的种种努力。祥林嫂充满着反抗精神，但她的反抗是为了争得做"寡妇"的权利。然而，她终遭失败，因为她触犯封建伦理道德"从一而终"的原则，成为一个没有自主权、没有经济基础、没有爱情、没有亲情以及没有人同情的"非人"。在这样的社会中，一个"非人"的"穷死"实在是再正常不过的了，一个"非人"在这样的"人肉盛宴"中被"吃"是必然的。祥林嫂这一"非人"典型的塑造，让我们看见鲁迅先生的运思之深和用心之巧。

参考文献

[1]鲁迅.鲁迅全集[M].北京：人民文学出版社，1981.
[2]卡西尔.人论[M].李琛，译.北京：光明日报出版社，2009.
[3]陈雪芸.从《祝福》看鲁迅的"立人"观[J].邵阳学院学报（社会科学版），2007（10）.

[4]王富仁.中国文化的守夜人鲁迅[M].北京：人民文学出版社，2002.
[5]雷达.李建军.百年经典文学评论[M].武汉：长江文艺出版社，2004.
[6]张宁.卑微者的不朽方式：关于《祝福》的心理学阐释[J].郑州大学学报（哲学社会科学版），2002（11）.

对"作为思想家的鲁迅"的解读
——读陈越著《鲁迅传论》

有关鲁迅先生的传记以及评传,在国内已不下十数种之多了,而陈越先生所著的《鲁迅传论》极具特色。作者从"论"的角度去把握鲁迅的生平、思想与创作,并且用"作为思想家的鲁迅"这个中心命题来贯串作品始终,是对"逼近鲁迅本体"的又一次有意义的尝试。同时,陈越和传主同是绍兴人,他以故乡人独有的视角与眼光去体察鲁迅,把鲁迅放在越文化的大背景下进行考察,赋予了鲁迅全新而丰富的形象。我认为,这两点是该书最大的价值所在。

纵观全书,不难发现,作者的理论思辨一直渗透在每一章里面。"论"显然成了作品的主体,成为作者的主要观点和见解的体现,而"传"只是作为证明的材料或背景。这种笔法和鲁迅杂文的写法有异曲同工之妙,其实质是透过鲁迅的一生来彰显作者自己的理解与看法。所以,作者以论来立传,以传来显论,做到了理论性、史料性与可读性的有机融合,这实在是一种十分巧妙的方式。

以论来立传是《鲁迅传论》的一大特色。该书第一章可以说是全书"论"的总纲。作者论述了鲁迅作为中国的思想家的特质及其思想的核心——"立人",并指出鲁迅的思想有着强烈的现实针对性,还有着独特的思维和表达方式。"鲁迅是中国文化革命的主将,他不但是伟大的文学家,而且是伟大的思想家和伟大的革命家",这种对鲁迅的系统的全面的评价,我们似乎已经耳熟能详,但对于这三个"家"的历史评价也往往会顾此而失彼,不能做到对三者的整体的把握。而陈越认为,"作为思想家的鲁迅"是"作为文学家和革命家的鲁迅"的立足点和基础。在前期,基于对中国现实做寻根溯源式的思索,为将旧社会的病根暴露出来，剖析民族的历史的文化心理结构，鲁迅运用了小说这种文学形式。他并不像有些作家，是出于对文学本身的兴趣才开始写作，他是起因于"立人"的思想，是"想利用他的力量，来改良社会"，小说只是他的"思想武器"而已，所以，毛泽东才说鲁迅的小说创作是"殖民地半殖民地革命时期最重要的思想武器"。在后期，历史把中国的思想革命推进到政治革命，鲁迅明确地追求"人类和中国的将来"，于是他立足于文化战线，致力于更迫切的实际工作，尤其集中精力于"匕首、投枪式"的杂文写作。作为思想家的鲁迅自己认为，杂文是和人生有关的一项严肃的工作，所以作者指出，其杂文同样也具有一定的思想深度，具有极大的历史价值和社会意义，具体表现在下列三个方面：首先，鲁迅杂文"撕去旧社会的假面"，展现了光怪陆离的人生百态；其次，鲁迅杂文成为时代斗争的真实记录；第三，鲁迅杂文的价值体现在对作为民族心理特征的国民性的解剖上。作者从三个方面概括了作为思想家的鲁迅运用杂文这种文学样式进行思想革命和政治革命的价值所在。由是，"伟大的文学家"和"伟大的革命家"便与"伟大的思想家"有机地融合在一起。

　　以传来显论是《鲁迅传论》的又一大特色。从第三章开始，陈越用非常翔实的史料为读者理出了鲁迅思想发展的清晰的脉络，为读者展示了"作为思想家的鲁迅"形象的形成过程。例如，在鲁迅童年和少年时期，因祖父的科场舞弊案和为久病的父亲买药，鲁迅家的社会地位和经济情况一落千丈，他深切地感受到世态的炎凉，"看见世人的真面目"。在乡下避难期间，鲁迅遭受了势利亲戚的白眼。族中的叔祖母衍太太的"流言"更是给少年鲁迅留下了很深的刺激，他从中看到了人心的卑劣和人性的险恶，这改变了鲁迅的人生轨迹——"S城人的脸早已看熟，如此而已，连心肝也似乎有些了然。总得寻别一类人们去"。于是，鲁迅开始了一生对人的研究，开始了"立人"的奋斗。在南京水师学堂时，《天演论》中介绍的进化论让青年时期的鲁迅振奋，他相信进步、主张反抗的社会观与爱国主义紧紧结合在一起；而矿路学堂让他觉得"学问是'上穷碧落下黄泉，两处茫茫皆不见'",于是到日本寻求救国救民的真理,在弘文学院与好友许寿裳常常谈论中国民族性的缺点:怎样才是理想的人性?中华民族最缺乏的是什么?它的病根何在?从此,鲁迅一生就始终致力于对国民性的思考,也因此有了"东京也无非是这样""决意要学医",又因"电影事件"而弃医从文,这些都证明鲁迅已经形成了"立人"的思想。在北京"绍兴会馆",鲁迅目睹辛亥革命的失败,古老的中国"内骨子里依旧",他把思考的重点从西方转向了中国、从现实转向了历史,对中国历史的本质做了更深层次的挖掘,于是他用如椽大笔写下《狂人日记》,发出了思想启蒙运动中振聋发聩的第一声呐喊,揭示封建制度和封建礼教的"吃人"本质。其实,这就是鲁迅"立人"思想的文学体现。

在越文化的大背景下来考察鲁迅是《鲁迅传论》最具特色的地方。在绍兴特有的区域文化浸润下,作者似乎与传主有着某种心灵的感应,作者认为越文化悠久厚重而优秀的传统,是鲁迅得以生根、发芽、成长的土壤。他还认为,鲁迅后天的健壮成长是基于绍兴区域文化的先天"基因"。这些看法与见解,在鲁研界可以称得上是独到的,对今天的研究者也仍然不失启迪作用。

曹聚仁的《鲁迅评传》也曾提及吴越地域文化对鲁迅的濡染,如鲁迅小说的绍兴乡土背景,师爷文化对鲁迅作品冷峻笔法的影响以及酒文化在鲁迅作品中的渗透,但总的来说显得比较简略。而本文作者是一位越文化研究专家,在充分吸收历史学、考古学、民俗学等学科的最新研究成果上,他用翔实的史料概括出了越文化的实质内涵,即不断开拓创新、超越自我的"精英"意识,不畏艰难、坚忍不拔的拼搏精神以及不畏强暴、卓然独立的反抗精神,并且指出,越文化作为一种集体无意识,必然地与鲁迅的个人心理素质有着某些天然的联系,于是作者从故乡情结、精神气质与思维方式三个方面做了详细的论述。与曹文相比,作者这样认识鲁迅与越文化的关系显然具备了独特的视角,并且具有历史的纵深感。作者认为,鲁迅与故乡的割不断的联系就是越文化传统。其故乡情结在书中首先用1912年鲁迅在

"绍兴会馆"中,"寂寞"地抄录、校辑绍兴先贤的古籍和1913年至1935年校勘《嵇康集》等几个例子来进行分析鲁迅的故乡情结。接着,他从文学创作的角度来发现鲁迅不时流露的"故乡情结":《呐喊》《彷徨》中鲁迅时时处处涉笔于故乡的人与事,这使鲁迅成为"乡土文学"的开创者;《朝花夕拾》的《小引》流露出鲁迅对故乡物产的"时时反顾";而当灰色的《野草》涉及故乡的景色时,鲁迅的笔下却有了一点亮色与温情;当故乡的人事出现在杂文中时,作者认为,在现实的层面上,鲁迅批判社会的落后和民众的愚昧,但在历史的层面上,鲁迅却肯定了优秀文化传统。至于鲁迅的精神气质,作者则用"硬""韧"来概括。他不但考察了古越的历史(认为其中有大禹与勾践这种精神气质的"原型"),而且用大量的史实,如嵇康、沈炼、王思任、刘宗周、祁佳彪、徐锡麟、秋瑾、马寅初进行证明。最后,作者认为实事求是精神和强烈的批判意识是越文化传统的思维特征。他引用许寿裳的话来说明实事求是精神与鲁迅的关系,即"思想方法,不是从抽象的理论出发,而是从具体的事实出发,从现实中得其结论",并且用鲁迅思想历程中的几次转折作为例子来论证。而对于鲁迅身上强烈的批判意识,作者用简要的引述来证明鲁迅与浙东思想文化史上的一批杰出批评家有着千丝万缕的关系。

另外,《鲁迅传论》的结构和文风同样极具特色。该书前两章是"传"与"论"的总纲,概述了鲁迅作为思想家的特质及其与越文化的渊源。第三章至第十九章基本上按鲁迅生平和文学活动的阶段为横断面,十分具体地展示了鲁迅思想发展的历程和随之发生变化的文学创作。书中介绍了鲁迅的思想、社会关系及生活细节,行文思路清晰,纵横交错,主次分明,重点突出,多侧面、立体化地使"作为思想家的鲁迅"形象跃然纸上。通读全书,我感到文风亲切自然,生动活泼,作者在用平等的态度跟读者进行对话。例如,作者在第十一章中用商榷的口吻提出了鲁迅现代题材小说创作中断的原因,显得尤为可亲。

但是,《鲁迅传论》也有其不足之处,作者为了紧扣"作为思想家的鲁迅"这一中心命题,仅选取鲁迅生平中对其思想发生重大影响的事件来进行描述,并且将其作为本书最为"打眼"之处。可是,作为一部鲁迅先生的传记,似乎还应该覆盖鲁迅一生中更为广阔而全面的内容,例如鲁迅的日常琐事,鲁迅性格的形成、变化与发展,文艺观、人生观的内涵,鲁迅与亲族朋友的交往,等等,我认为,这些其实也都跟"作为思想家的鲁迅"有必然的联系。如果书中加入这些内容的话,既不会使主题分散,也可以使读者更贴近生活的鲁迅、人间的鲁迅,而不是高高在上的思想者,同时也能使本书内容更充实、思想的分量更厚重。当然,提出这样的浅薄之见有一种过分求全之意,权且把它当作一个后学者对前辈的一种吹毛求疵吧,我在这里也就不怕见笑于大方之家了。

发表于《绍兴文理学院学报》(哲学社会科学)2004年04(第24卷第2期),第92-94页

要求经典性与可感性的统一
——浅谈高中语文新课程鲁迅作品的选编

鲁迅作品是中学语文教学中的一个不可忽视的存在。鲁迅作品一直以来被作为典范安排在中学语文教材之中,其深邃的思想内涵、独特的艺术风格以及随之散发出来的人格魅力,对于提升中学生特别是高中生的思想认识水平,培养言语能力和形成健全人格都有十分重要的意义。鲁迅的作品是语文的典范,永远闪烁着智慧的光芒,始终涌动着青春的气息。鲁迅的作品是年轻一代精神成长的"底子",而且是常读常新的,我们可以在鲁迅的世界里汲取无穷的营养。

我们的心中是一个怎样的鲁迅,往往取决于我们接触到了鲁迅的哪些作品。在中学教材中,关于鲁迅作品的选编就经历了几番风雨,遭受了几多变迁。在十七年时期(中华人民共和国成立至"文化大革命"的十七年间),"以杂文居多","突出政治性";在"文化大革命"时期,"篇目不断减少,编排混乱"。[1]20世纪90年代以来中学语文教材中的鲁迅作品,其安排大致是先散文、后小说,再后是杂文。写孩提时代的故事或内容较为浅近的作品大多数放在低年级,而鲁迅后期的内容较为复杂的杂文则一律被安排在高中阶段。就高中语文教材而言,从数量上看,1991年版的旧教材共选入9篇鲁迅的小说和杂文,而2000年版的新教材则增加到25篇(包括10篇高中课外语文读本阅读篇目),这是一个巨大的变化。更值得注意的是,从内容和题材上,在读本中新添了历史题材小说《故事新编》和散文诗集《野草》中的不少篇章。

然而,自高中新课程实施以来,各地在选编教材时从新课程理念出发,选择自认为适合学生学习的鲁迅作品,并力图打破传统,体现所谓"新"的特点,教材中的鲁迅作品数量大大减少。旧人教版教材本来有《〈呐喊〉自序》《祝福》《拿来主义》《记念刘和珍君》《灯下漫笔》《药》《阿Q正传》7篇,新课程必修仅存《记念刘和珍君》《祝福》《拿来主义》《药》4篇。粤教版必修只收录《药》《拿来主义》和《阿Q正传》3篇。沪教版仅有《为了忘却的记念》《白莽作〈孩儿塔〉序》《阿Q正传》。苏教版也只有《祝福》《拿来主义》《记念刘和珍君》(《阿Q正传》在2007年被删去)。鲁教版只选了《为了忘却的记念》《祝福》2篇。语文版最少,仅存《铸剑》1篇。说不定再来个××版,可能会把鲁迅拒之门外。这里要说明的是,上述统计不包括新课程的读本选编篇目,因为根据笔者的教学实际情况,对于读本的作品,教师是不教的,更何况是"鲁迅"的作品。

究其原因,大致有以下三点:一是教材选文求新。《语文》教材选文老是"一副面孔",人们对此颇多怨言。《新课标》颁布实施以来,教材选编越来越开放,教材求新、有自己的独特之处,成为广大教材编写者追求的目标。面对近年来对鲁迅作品选编的批评之声,重新选择新的篇目成为编写者迎合大众"时尚"口味的一种"大胆"尝试。二是教材选文容量减小,造成难以取舍。新教材注重学生的实践,课文数量少了,综合性学习、研究性学习等活动多了,尤其是高中语文教材,因为开设选修课,必修教材的容量更是锐减,为了保证教材选文的新颖性,只好牺牲传统的名篇。三是迫于客观原因,减少教材的印张,节约成本,把长文删去。苏教版《阿Q正传》被删,"没有什么其他原因,就是因为太长了"(编者之一——南京十三中学的曹勇军——在绍兴新课程培训时回应笔者原话),换言之,迫于经济承受能力,我们的教材编写者可以不顾学生的精神需要与否,不能不忍痛割"鲁"了。

但无论怎样选择、如何安排,我认为,鲁迅作品的选编重要的是要把握好一个原则,即经典性与可感性的统一。

所谓经典性,就是能够经得起时间考验,不仅适合现代人的阅读和接受,同时也适合未来人的阅读和接受。大凡已经进入一个民族的

语言作品库的作品，不但这个时期的人要读，未来多少代的人也都会去读。鲁迅的思想与作品同样是一份值得世代承传的文学遗产与精神遗产。《祝福》《阿Q正传》《狂人日记》《记念刘和珍君》《孔乙己》等鲁迅作品就是经典。这些作品中典型的语言和典型的人物形象已经深入人心，成为我们文化结构中不可或缺的一部分。世界上每一个国家总是以本民族的经典作家来教育后代的，比如莎士比亚、普希金、托尔斯泰、雨果，英国人、俄国人、法国人从小就对他们的作品耳熟能详，以至他们的名字家喻户晓；我们也应该通过中小学教育与其他手段，让屈原、陶渊明、杜甫、曹雪芹、鲁迅这样的民族文化精英们的精神遗产代代相传。

但是对经典的接受并不是一蹴而就的，应有一个不断选择、阅读、积累的过程。就经典作品的阅读教学而言，并不是所有的作品都适合中学生阅读和欣赏，也不是所有的语言和语言形式都能被中学语文水平的学生所接受，所以，并不是随便什么鲁迅作品都可以进入中学教材，还要考虑到中学生的接受能力，也就是说要考虑到可感性的问题。

在过去，我强调"懂"，实际上，真正读"懂"是很难的。鲁迅在20世纪30年代还说，很少有人懂得他的《阿Q正传》。原因就在于这个作品有着非常深刻的含义，就像王冶秋先生曾经对《阿Q正传》做过的一段著名的论述："这篇民族的杰作，绝不是看一遍所能消化的：看第一遍我会笑得肚子痛；第二遍：才咂出一点不是笑的成分；第三遍：鄙视阿Q的为人；第四遍：鄙弃化为同情；第五遍：同情化为深思的眼泪；第六遍：阿Q还是阿Q；第七遍：阿Q向自己身上扑来……"[2] 可见对这样内涵丰富的作品的理解，是随着人们人生观察和体验的不断增加、社会知识和历史知识的逐渐丰富而不断地加深的。当然《阿Q正传》是鲁迅的代表作，向中学生讲授鲁迅的思想与文学精神，就不能不讲《阿Q正传》，学生也不能不读《阿Q正传》。我们需要考虑的是，选读这个作品，应当在中学生适当的年龄段，即学生具有一定的阅历和知识积累的阶段。目前将这个作品放在高中段教学是较为合适的。

我们在教学中还应突出可感性的一面，即在理解阿Q和他一生的命运时，教师应尽可能调动学生的生活经验，以引导他们加深对作品的理解，而且必须要求学生对这个作品反复阅读、细细琢磨，达到王冶秋所说的能够"消化"的程度。

在鲁迅作品教学中，选文的可感性和可接受性是非常重要的。诚如王富仁先生所说："在我看来，中学语文教材中的鲁迅作品的选文应该考虑两个方面：一是要能体现鲁迅思想、文学的精髓；一是要具有可接受性，注意中学生的年龄特征。在整个教材体系中，要有一个接受梯度，比如说初中阶段可多选一些鲁迅关于生命以及关于爱和美的感悟、描写与思考方面的相对明朗的文字；高中阶段则可选一些更能体现鲁迅最基本的思想，更为严峻，理解有一定难度的文字。"[3] 教学实践证明，凡是适合中学生年龄段的可接受性强的作品，总是为学生所欢迎并取得良好教学效果，小说如《孔乙己》《故乡》《阿Q正传》《祝福》《铸剑》等，散文如《阿长与〈山海经〉》《从百草园到三味书屋》《藤野先生》《秋夜》《雪》等，杂文如《记念刘和珍君》《为了忘却的记念》等，这些常选的篇目，都因其有很强的直接可感性，而乐于为学生接受。事实上，这一类教材中未选但又非常切合中学生阅读、接受的鲁迅作品，还可以找出很多，如《朝花夕拾》中的《二十四孝图》《五猖会》《父亲的病》《范爱农》，杂文中的《夏三虫》《谈皇帝》《阿金》《我的第一个师父》等。这些作品，或可推荐给学生在课外阅读，或可结合有关篇章教学做必要介绍，尽可能拓宽学生的阅读面。其次，还可以选入一些写鲁迅的作品，让学生从别人的笔下了解鲁迅，走近鲁迅。如沪教版第五册有吴中杰的《〈药〉评点》，语文版必修二选了曹聚仁《〈新青年〉时代的鲁迅》就是很好的例子。

当然，选鲁迅的什么作品，无法、也没有必要完全一律，应该允许中学语文教师根据学生的情况与自己对鲁迅作品的理解，在教材之外，适当地补充选择一些鲁迅作品供学生课内或课外阅读，结合研究性学习和综合性学习活动使学生接触更多的鲁迅作品。在教材容量有限的情况下，设置一些有关鲁迅的研究专题，不失为一种有效途径。

让学生通过查阅资料、阅读作品和相关评论，在合作学习中达到对鲁迅的多元解读和多侧面了解，从而使学生走近鲁迅、亲近鲁迅。

根据2003年颁布的课程标准的要求，我们还可以开设鲁迅专题的选修课，条件允许的可以自己选编教材，进行系统的教学。对于喜欢鲁迅的学生来说，这是弥补教材不足的最好途径和方法。在选修课上，学生可以根据自己的兴趣爱好，畅游于鲁迅作品的海洋之中，尽情领略鲁迅作品的艺术魅力。目前，江苏教育出版社出版的钱理群先生的《中学生鲁迅读本》就是一本很好的课外选修读物。至于其他的如散文诗集《野草》与历史题材的小说集《故事新编》中的作品，我认为只要让学生了解或读过其中的若干篇章即可，不必做深入的探究。因为中学生的认知水平、阅历层次与生活积累尚不足以去认识作品中所包含的深意，与其让他们现在曲解甚至误解鲁迅，还不如到将来有某种探究的欲望和能力时再去细读。从这个意义上或许可以说，将《风筝》编入义务教育七年级的教材未免有些为时过早。

注释

[1]王吉鹏，韩艳梅，刘洪梅.中学语文中的鲁迅[C].长春：吉林人民出版社，2000.32.

[2]周燕."阿Q向自己身上扑来"：走出文学教学的误区[J].语文学习，2004（1）：18.

[3]王富仁.最是鲁迅应该读：关于中学鲁迅作品教学的几点思考[N].中国教育报，2001-10-25.

获"鲁迅作品教学"征文全国二等奖，2007年11月

第三辑
教学案例

从语文出发,再回到语文

——以《寒风吹彻》的教学为例谈语言的建构和运用

《普通高中语文课程标准(2017年版)》对语文学科核心素养语言方面有如下定义:"语言建构与运用是指学生在丰富的语言实践中,通过主动的积累、梳理和整合,逐步掌握祖国语言文字特点及其运用规律,形成个体言语经验,发展在具体语言情境中正确有效地运用祖国语言文字进行交流沟通的能力。"

就阅读教学而言,教师要让学生通过多种多样的言语实践活动,经由对文本语言的触摸、揣摩和品味,使学生获得思维的发展与提升,达到审美的鉴赏与创造,实现文化的传承与理解,最后形成和发展学生个体言语经验。简而言之,即从语文出发,再回到语文。

下面我们结合姜志超老师的课例《寒风吹彻》,从三个方面来谈谈阅读教学如何实现语言的建构与运用。

《寒风吹彻》课例描述

一、导入课文

教师幻灯显示文本标题。在背景音乐的渲染下,由标题切入,要求学生想象,回忆自己置身于冬天时对"寒风"的感受。

二、梳理文脉

1.学生浏览全文,明确"寒风"是本文最重要的意象,思考作者写了哪几个人物的往事来表现寒风的吹彻之冷。

2. 师生归纳,根据文本顺序分别写了自己、路人、姑妈和母亲的往事。

三、文本细读

学生自由选择某个人物,诵读相关段落,概述往事,思考"这是一场来自____的寒风?"填上合适的词语。

1. 教师示范。师生齐读第10、11段。分析通过"好几个""好几架""一野""一个"四个词语的对照,突出广阔天地背景下"我"独自一人面临寒风的强烈寒冷感和巨大孤独感。概括这是一场来自<u>自然</u>的寒风。

2. 学生朗读相关段落,概括段意并填空。

生读第24~26段,师生品读"一个人最后的微弱挣扎看不见;呼唤和呻吟我们听不见"。概括这是一场来自<u>心境</u>的寒风。

生读第13段。概括这是一场来自<u>生命</u>的寒风。

生读第15段。师生品读"太阳落地时,我装着半车柴火回到家里,父亲一见就问我:怎么拉了这点柴,不够两天烧。我没吭声。也没向家里说腿冻坏的事。"关注"一""就"和"没""也没"。概括这是一场来自<u>情感</u>的寒风。

生读第42段。突出"一个人""独自""我无能为力"。概括这是一场来自<u>人生</u>的寒风。

生读第33~35段。师生品读比较"你姑妈死掉了""你姑妈(过世)了"以及"怎么死的?""啊!怎么死的?"概括这是一场来自<u>人性</u>的寒风。

3. 教师小结。读第18段。揭示其结构意义。引用作者在《冯四》中的名言,理解"彻"的深意:每个生命,从肉体到精神,逐渐走向寒冷,贯穿全部人生。

四、深入探究

寻找文本中关于温暖的内容,思考问题:真是那么的冷漠吗?为何会如此呢?

1. 师生交流有关温暖的内容。有第7段母亲半夜起来做好饭的亲情,有第32段看望姑妈的善意,有第44段围抱火炉的信念。结论:寒冷充斥,温暖偏少。

2. 教师幻灯显示马斯洛的需求层次理论图。讨论明确:冷漠不是主观意愿,而是在极端物质贫困下的一种深深的无奈和悲哀,所以尽管生活艰辛,依然有温暖涌动,人与人的情感并没有完全被寒风封冻。

3. 师生朗读第1段和第3段相关文字。思考讨论:三十岁的"我"为什么"期待"着又一场雪悄无声息地覆盖村庄和田野?又像在"迎接"一位久违的贵宾?

引用乌纳穆诺的"生命的悲剧意识来自对不朽的渴望。了解悲剧,理解悲剧,不是为了悲哀地死去,而是为了更从容、更珍惜、更充满爱意地活着。"刘亮程的"寒风吹彻中,我们还有春天的梦。"升华主题——表达一种向死而生的姿态以及对温暖的渴望。

五、迁移拓展

学生思考:你觉得在本文中,是什么让你感动了?请谈谈你的感受。

一是要聚焦独特的言语形式。语文课是语言学习课,这是由语文课程的特质决定的。而语言学习的对象应该是言语形式。注重"怎么写"是语文课堂的关键。具体来说包括三个方面,即文本是用什么样的语言去表达的,文本是怎样运用语言去表达的,表达的效果是怎样的。

从整体的设计来看,课例是紧紧围绕"寒风""吹"和"彻"三个词展开的。开头,教师要学生谈谈对"寒风"一词的感受,进而确定这篇文章最重要的意象是"寒风"。之后用"这是一场来自___的寒风"的句式,要求学生自选人物,解读赏析"寒风吹彻之冷",突出了"吹"。最后师生用第18段的结构性句子"但在我周围,肯定有个别人不能像我一样度过冬天。他们被留住了。冬天总是一年一年地弄冷一个人，先是一条腿、一块骨头、一副表情、一种心情……尔后整个人生"探究"彻"背后的原因，从而引出对"温暖"的理解、对主旨的探究。

从具体的文本细读环节来看，课例紧扣文本的言语形式，深入地揣摩和品味。如师生朗读的第10、11段中，"好几个""好几架""一野""一个"四个词语，通过对照表现出"我"的孤独感和寒冷感。如第15段中"一……就……"和"没……也没……"，表现出被贫穷裹挟中的父亲既没有见到"我"，也没见到"我"被冻坏的腿，眼里只有"柴火"，而"我""没吭声。也没向家里说腿冻坏的事"，则表现出"我"的倔强，这是一种亲情缺失的寒冷。

二是要采用多样的言语策略。投注于言语形式的语文学习，需要设计丰富多样的言语策略帮助学生去触摸、体察、品味和辨析，从而无限接近对"这一位"作者独特的个性化的言语形式的把握，理解"这一位"作者落根在"这一篇"里的独特的人生经验。我们通常会采用多种策略，带领学生走进言语深处。《寒风吹彻》一课采用了以下四种策略。

创设情境。刘亮程出生在新疆，他的文字明显带有北方特有的气质。而在水乡的阴柔绵稠的细雨与和风暖阳里长大的江南学生也许不能真切感受到寒风的凛冽和肃杀，或者感受不深、感受不真。那么，教师提供一些北方朔风呼啸的图片或背景音乐，让学生初步感受"寒风吹彻之冷"，就很有必要。为此，课例一开始用独特的音乐营造寒风肆虐的场景，极有画面感和冲击力，学生在音乐的渲染中想象、体悟"寒风吹彻之冷"，就有了基础，有了现场感。

阶梯示范。为了使学生成功找到合适的描述来表现"寒风吹彻之冷"，教师要给学生提供支架，搭建阶梯，做好示范。在文本细读环节，教师抓住第10、11段中的四个词语，分析了"我"在寒风中的孤独感和寒冷感，并概括这是一场来自自然的寒风。教师这样做好铺垫、布好台阶，能让学生在寻找具体句子的时候，既有方向，又有落点。学生能顺藤摸瓜，做到有章可循，方向把握将更加精准。从随后的学生交流发言看，达到了预期效果。

比较辨析。语序是语句形成的一种主要的语法手段，语序不同，词语或句子的含义就不相同，有时甚至大相径庭。而意义基本相同的词语，用在不同的语境中，其背后的意味也是大不相同的。朱光潜在《咬文嚼字》一文中也提到，咬文嚼字，在表面上像只是斟酌文字的分量，在实际上就是调整思想和情感。通过更改增删文字，让学生在比较辨析中体会文字背后的思想感情，这也是一种十分有效的策略。在师生品读有关姑妈这部分故事时，教师展示了两组句子，将原文"你姑妈死掉了"改为"你姑妈过世了"，在原文"怎么死的？"之前加了一个词"啊"。学生经过品读比较，能够理解口语化的"死了"，带有明显的平淡与冷漠，没有一丝关怀与惋惜。而当听说姑妈死了消息时的"我"问得更平淡，缺少了有"啊"这个句式条件反射般的惊讶和震动。

告知补充。在适当的时候，要"灌输"某些背景资料和相关知识，以便学生找到新旧知识之间的连接。如补充关于刘亮程文字特色的、有定论的评说等，帮助学生快速接近作者。在探究环节，教师详细地讲解了马斯洛需求层次理论，并用图片显示，帮助学生理解"冷漠"这个表象背后对温暖的渴求需要。

三是要进行丰富的言语活动。教师应围绕言语形式，运用一定的言语策略，让学生在具体的言语实践活动中，"积累言语经验，把握语文运用的规律，学会语文运用的方法，有效地提高语文能力"。《寒风吹彻》一课进行了以下五种有效的言语实践活动。

填空概括。概括能力是语文能力中的一项最基本的能力。能够准确、简洁，有目的、有重点地概括，是课堂教学追求的目标。本课例在"文本细读"环节中所采用的填空方式也是一种有效的方式。为使学生理解每一个人物对"寒风吹彻之冷"的感受，教师设计了这么一个环节，要求学生填写"这是一场来自____的寒风"中的空格，以此来探究寒风表层意义下的深层含义。学生根据不同的内容概括出了

"人性""生命""情感""心境""人生"等关键词，进一步加深了对"寒风"的感悟。

品读揣摩。朗读是阅读教学中运用最普遍、最常见的言语实践活动。能够把无声的文字激活，声情并茂地演绎出文字背后的思想和感情，这是语文课堂教学的一项重要任务。这就需要师生一起用多种方式品味语言，走进言语现场，触摸文字，揣摩文意。课例中除了集体朗读、学生自读等之外，还有师生比较朗读的设计。"一个人最后的微弱挣扎我们看不见，呼唤和呻吟我们听不见"这个句子中，师生对"呼唤和呻吟"做了仔细的品读，特别是对"呼唤""听不见"有关音高、音长和音强的处理，足以让品读者揣摩到路人的无奈与悲哀。

想象填补。文学作品中的"言外之旨"，如同音乐中的休止"无声"法，为读者提供了广阔的想象空间，也为我们的主观经验参与认识提供了机会，这就是格式塔理论中的"完型"动机。我们可以对某些结构特殊的语句，采用联想、想象参与学生的理解，从而构建完整的意义。课例后半部分，教师抓住"无意中像在迎接一位久违的贵宾……"中"迎接"一词，结合文本中少量描述"温暖"的内容，让学生想象作者此刻的心境，触发学生完型思考，从而理解作者内心那种向死而生的坚强与勇敢。

探究发现。探究指在教师引导下，学生主动参与到发现问题、寻找答案的过程中，以培养学生解决问题能力的教学活动。课例通过"文本细读"，使学生感受到了各种"寒风吹彻之冷"。之后，教师抛出一个问题以引起思考："真是那么的冷漠吗？为何会如此呢？"问题导向促使学生寻找"冷漠"背后的原因，学生思考为什么作者要用这么一种形式来表达人间的冷漠与寒冷，目的何在，意义何在。教师顺势引用马斯洛的需求层次理论，并结合刘亮程个人的经历和创作的风格，使学生水到渠成地"发现"寒冷背后作者对渴望温暖的一种向死而生的坚强与勇敢。

拓展延伸。课堂上的一切言语活动，只有一个目的，那就是形成学生个体言语经验，发展学生的言语能力。走进文本，经由文本言语

形式，探究言语内容之后，必须走出文本，不断丰富、完善、优化、提升自己的言语经验。课例最后设计了一个环节，要学生谈谈什么地方特别感动，这是言语的输出，唯有能输出，才有能力的提升。

教学中聚焦于文本的言语形式，就是找到了走入文本内容的通道，由此可以揭开作者藏在形式深处的秘密，像钱锺书先生所言"好比从飞沙、麦浪、波纹里看出了风的姿态"。教师抓住文本独特的言语形式，就是抓住了语文的实质；课堂中运用多样的言语策略，就是落实了语文的实践；学生进行了丰富的言语活动，就是体现了语文的实效。课例在一定程度上，体现了语文课语文的特性。

参考文献

[1]胡奇良.在比较中提高学生言语表达能力[J].语文教学与研究（教研天地），2008（09）.
[2]袁庆国，陈树元.走进文本语言：阅读教学走向深入的重要途径[J].中学语文教学，2011（06）.

发表于《语文教学通讯·高中刊》2019年11（第31期），第31-32页

贴着语言走

——我这样教《汉家寨》

在浙江省教育厅、浙江师范大学组织的"百人千场"送教下乡到永嘉二中的教研活动中,我执教《汉家寨》一课,就散文教学如何培养学生语文学科核心素养这个主题做了一次尝试。下面根据我的教学设计和教学实践,谈谈我在学生实践性活动方面的一些探索。

《汉家寨》是人教版选修教材《中国现代诗歌散文欣赏》中的一篇散文。文章所在单元的话题是"那一串记忆的珍珠"。从散文的选材角度看,它是对过去生活片段的回忆,属于回忆性散文。文章再现了作者在新疆天山南麓的旷野中漫行途经汉家寨时的所见、所感和所思。通过回忆,作者把自然的风物和人文景象集中在文中,把悠远的历史和现实的情景呈现在读者面前,作者在那里仿佛找到了人生答案,懂得了坚守的可贵。同时,这也是一篇游记散文,文章作为游记散文的特点十分明显,三个部分的游踪非常清晰,分别是走近汉家寨、走进汉家寨和离开汉家寨。这篇散文记录的中心对象是汉家寨的环境、汉家寨的建筑和汉家寨的人,在记游见闻的过程中,文章也展现了作者情绪变化过程和感悟思考过程。作品极具张承志个人特色,无论是从题材内容、语言形式,还是从写作观念上来看,都呈现出以下特点:用一种独特的语言形式展示一个特殊地域、特殊群体以及生活在其中的民族特殊的精神文化。

面对这篇具有张承志"这一个"个性特色的散文,该确定怎样的教学目标?我借班上课的是高二学生,他们已学过不少散文,对散文的基本特点和一般性鉴赏方法已有初步的了解和掌握,但他们对张承志的散文比较陌生。张承志散文具有深刻的思想性和浓烈的阳刚气，对浸润在南方温婉阴柔环境里、生活安逸、阅历尚浅的学生来说，理解是有一定难度的。但此文诗化品格、写意化叙述与主体化抒情相结合的特色能为学生打开新的视野，学到散文别样的表达。我们可以引导学生"贴着"张承志个性化的语言，走进"作者独特的经验里"[1]。

为此，我设计了以下三个层级的教学目标：一是能读懂汉家寨及周围景物的特点，这是基础目标。二是知道汉家寨"坚守"的内容并理解其深层内涵，这是发展目标，是重点。三是品味作者独特的语言，体会作者对汉家寨难言的感受，这是最高目标，是难点。对部分具有张承志特色、西部地域特色的、鲜明的、审美感强烈的句子，学生一时难以理解，在阅读上、教学上都有一定的难度，因此，教师讲解应适可而止，有些句子甚至可以舍弃不讲。

关于教学过程，我设计了以下六个环节：一是营造氛围，导入文本。二是理清思路，概括内容。三是读懂汉家寨之景，知道"坚守"的内涵。四是走近作者，触摸心怀。五是探究题目，深化主旨。六是拓展延伸，读出自我。

第一个环节创设情景是在上课之前，循环播放我自己制作的配乐风光短片。短片的背景音乐为程池的《新丝绸之路序曲》，图片为我在南疆拍摄的大漠、戈壁及峡谷等。这个环节的设计意在消除学生对文本内容的陌生感，通过初步感受南疆风貌和音乐渲染，拉近学生和文本语言的距离。

第二个环节其实是落实课前预习，要求学生填表完成"我"独自旅游的行踪及所记对象。该环节主要是为使学生了解文章结构，初步把握作者所写内容。这个环节的设计意在从游记散文的角度，根据游踪理清行文脉络，明确作者所见所闻。它是整体浏览前提下的抽象和概括。

第三个环节是课堂进程的关键和重点。分四个问题推进。

一是"汉家寨是一处怎样的建筑"，目的是让学生感受汉家寨特别的建筑。抓住"一个点""几间破泥屋""三岔口"三个词语，以及

两个比喻句,即"一枚被人丢弃的棋子"和"一粒生锈的弹丸",概括出汉家寨渺小、贫瘠、无助和废弃等特点。

二是"汉家寨在一个怎样的地方",目的是让学生感受汉家寨特别的环境。要求学生仔细研读第三、四自然段,仿照"那里都是铁色的戈壁"这样的句式概括环境,明确作者渲染空山绝谷、不毛之地的目的是为极力铺陈空寂、冷酷、荒凉的环境特点,为之后写"人的坚守"做铺垫。

三是"汉家寨有怎样的两个人",目的是让学生认识汉家寨特别的人。这个问题从三处切入。第一处是用改文和原文对比。原文是:"左右两座泥屋门口,各有一个人在盯着我。一个是位老汉,一个是七八岁的小女孩。"改文为:"泥屋门口有两个人在盯着我。"强调在这样的异域绝境竟然有一老一少,表现出作者当时的震惊,也说明记忆之深刻。第二处是品味句子"老少两人都是汉人服饰",品读揣摩重音,意为加强对"汉人服饰"意象的把握。第三处是作者三次问路之后一老一少的反应:"老人摇摇头。女孩不眨眼地盯着我。""老人只微微摇了一下头,便不动了。女孩还是那么盯住我不眨眼睛。""那老移民突然钻进了泥屋。那小姑娘一动不动,她一直凝视着我。"通过品味细节,学生可以认识汉家寨人特别的性格,明确老汉的木讷、内心封闭而平静,小女孩的好奇、不解与惊异。

四是"作者隐隐感到他们的坚守,其内涵是什么",目的是让学生理解汉家寨特别的内涵。引导学生思考在如此绝境中他们何以生存,何以在这里扎根,要求用"他们在坚守……"或"他们坚守的是……"的句式表述。例如,他们是在坚守祖辈留下来的家园,坚守祖先留下来的土地,坚守汉家寨传统生活方式;或者他们坚守的是在荒凉悲苦的境地中生发的坚韧不拔与顽强,他们坚守的是一种在任何困难面前都不低头的生存信念。

第四个环节是触摸了解作者在行文过程中的情绪变化和感悟思考。课堂上,教师提出"作者对汉家寨的感受,前后有怎样的变化",这个设计是将本文作为回忆性散文来解读,意在通过梳理作者对汉家寨感受的前后变化，探究作者离开汉家寨之后难言的感受。学生浏览全文，概括出从走近汉家寨的"无助""茫然""晕眩""渺小"到离开汉家寨时的"决绝""激动"，直至"从那一日起，无论我走到哪里，都在不知不觉之间，坚守着什么"，甚至"在美国，在日本，我总是倔强地回忆着汉家寨，仔细想着每一个细节"。这里，我用幻灯展示补充作者当时写作的背景，同时要求学生结合事先印发的学习资料加以思考。

第五个环节是关注文题，通过对题目的比较、辨析和思考，深入探究作者的内心世界。抛出问题"为何题目取'汉家寨'而不是'三岔口'？"采用小组讨论，明确"三岔口"只是一个地理名称，且表达一种不确定性和选择性，而"汉家寨"则蕴含着作者对内心坚守的一种确认，对文化的认同。教师要求学生用一个词概括文章，完成句子"汉家寨是……"，以此理解汉家寨在作者心中的形象。

最后一个环节的设计是让学生从文本里走出来，读出自我。要求学生用"在我心里，汉家寨已经不是几间破泥屋，而是……"的句式写一句话，表达自己对汉家寨坚守的理解和感悟。这个环节是最高要求了，只有是在学生对"汉家寨"的内涵有准确把握之后，他们才会有自己的理解，如果学生前面第四和第五个环节进展顺畅，那么可以让学生当场写，并投影展示。如果还不能感悟，就作为课后作业引发学生进一步思考。

为了在教学中"贴着语言走"，我设计了一系列言语实践活动，这是我一直以来践行的教学主张：打开文字的眼，和语言一起狂欢。《普通高中语文课程标准（2017版）》提出，要"通过多样的语文实践活动，融合听说读写……提高语言文字运用能力"。我认为"有效的学生言语实践活动应该是多层面充分展开的过程"，可以"从品读、想象、探究和片段小习作等方面"[2]实施。下面就《汉家寨》教学过程中的具体情景做一些说明。

课前我用音画短片创设情景，展现新疆天山南麓的大风景、大地貌，使学生感受铁色、红色和倾斜的大地，让学生对汉家寨所处的环境有初步的印象。在看了图片之后,我请一位学生谈感受,学生回答"太荒凉",大家表示认同,这是将视觉和听觉感受转化为文字的过程。

《汉家寨》篇幅较长,语言凝重、冷峻,不适合整篇朗读,也不适合全班齐读,所以我选择用速读、比较品读和自由朗读等,让学生感受、触摸文字,获得体验。

第二个环节,我选择速读/浏览填表的方式,旨在帮助学生理清这篇文章作为游记散文的行文思路,知道所记的物、景、人和事。对于作者的行踪,学生们大多能抓住"走近""走进"和"离开"这三个关键词,并能概括出三部分所记的中心内容。

第三个环节,对四个问题进行推进和展开,师生活动方式和以往有所差异。为了让学生聚焦于汉家寨的建筑,我与学生们重点品读"几间""破""泥"几个词,同时分析品味两个比喻句的内涵,以此概括出汉家寨的特点。为抽象提炼出汉家寨特别的环境,我要求学生仿句,强调修饰词,突出"酥碎的""淡红色的""狞恶的""红石""焦土"等词。对汉家寨一老一少,我用改句与原文句子比较、句子重音处理和细节揣摩三种方式,让人物形象跃然纸上。最后一个问题是要理解作者对汉家寨人坚守内涵的感受,我事先分析明确描绘汉家寨特别的建筑是为突出坚守之"久",渲染汉家寨特殊的环境是为突出坚守之"难",而对一老一少的细节描写是为突出坚守之"态",这一环节采用合作交流讨论的方式完成。这里对内涵的理解,学生解读程度各不相同,所以我选择交流互动,这也许会使他们豁然开朗。

知道了汉家寨特别的建筑、特别的环境和特别的人之后,便是要引领学生理解作者内心生发出的特别的感受。所以,这个环节的方法是使学生速读梳理作者感受前后有怎样的变化,同时我补充相应材料,提出文章题目为何不是"三岔口",引发学生做深层的思考。之后,我先要求学生集体朗读最后两段,抓住"倔强地回忆"和三个"直至",理解"汉家寨"这个题目独特的意蕴,再来要求学生用一个词概述作者心中对"坚守"的理解,也就顺理成章了。学生谈到的"汉家寨是作者心灵的寄托""是一种替代""一种象征""一种执着",等等,都是很好的解读。

比较遗憾的是最后一个环节没有完成,因为下课时间到了,只能放在课后,将它作为课后作业。读出自我,有句式要求,目的是要求学生结合自己的经验和阅历,表达自己对汉家寨坚守的理解和感悟。这个内容是开放的,属于一句话读后感,学生可以自由发挥。

注释

[1]王荣生.散文教学教什么[M].上海:华东师范大学出版社,2014:29.
[2]胡奇良.让言语活动更有效[J].语文教学通讯,2015(7):16-1.

发表于《教学月刊·中学版(语文教学)》2019年01-02(总第816/819期),第47-50页

师生互动的合理性与有效性探讨

——《娜塔莎》同课异构观察

师生互动是课堂教学最常见的途径和方式。我以为，合理的互动、适时的互动、适度的互动才是有效的互动。合理指的是合乎课堂常理，这个常理指向学生言语活动，依据一定的言语形式，目的是提高学生言语技能和水平，是关乎互动对不对的问题。适时指的是在教学环节的推进过程中，运用师生互动这种活动形式正好能够解决学生在阅读理解中出现的问题或者困惑，是关乎互动需不需要的问题。适度指的是师生互动在整个教学设计或者各个环节中所占的比重，是关乎互动多不多的问题。接下来我们就《娜塔莎》同课异构三堂课做一点分析。

师生互动首先必须是合理的。这个"理"的具体内涵包括三个维度：对象是学生；目的是言语；有言语形式的要求。第一堂陶文建的课，为了让学生感受娜塔莎形象，开头设计了这样一个总问题："从文中＿＿＿＿读出了＿＿＿＿娜塔莎？"他要求学生用圈点勾画的方式找到自己的发现。之后就是师生之间结合文本的互动，有18名不同区块的学生发言交流。这样的设计涵盖了以上三个维度，应该属于合理的。第二堂周吉琳的课，用"猜一猜娜塔莎的年龄是几岁，并说明理由"来引出对人物的初步感受，既激发了学生阅读探究的兴趣，又顺理成章地达到欣赏人物形象、"贴着人物写"的目的。第三堂方香椿的课，先是通过师生互动探究，概括出了不同段落中经由不同的写作技巧塑造出娜塔莎的性格特点，然后让学生根据表格中总结的方式去完成后两部分的内容。这三堂课都给学生以学习的支架，互动的阶梯性、阶段性思路清晰。但三堂课中也有互动不合理的地方，比如，第一堂课对"老橡树"和孙绍振的个人解读以齐读的方式，这种互动感受是不合理的，属灌输，而非碰撞；第二堂课最后的评价人物形象环节抛出了"你怎么看娜塔莎的移情别恋"的问题，却只出示了评价人物的三类标准，没有相关的辅助资料来补充，学生既没有感性体验，也没有理性思考，无法互动；第三堂课末尾提出的王安忆的观点——"娜塔莎是一位圣女"，你是否同意这种说法，这个问题切口太大，无法结合文本或者学生的人生阅读体验来回答，根本不能互动。就实质而言，师生互动是一种对话，是师生心灵的对话，是师生借助于文本的对话。缺乏属于内心的、缺乏体悟感受的，都构不成对话，都不是真正的互动。

  师生互动应该是适时的。在学生已经充分掌握了文本的基本内容的基础上再来讨论人物形象及性格特点，这样的互动是丰富的。在学生已经身临其境，能经由人物言语、动作等体悟人物性格、情感的时候，这样的互动是切合的。在学生把自己当成文本中的人物，能体会他们的喜怒哀乐之时，这样的互动是及时的。第三堂课后两部分关于技巧和性格之间关系的互动就很丰富；第一堂课关于"娜塔莎和艾伦对比"的互动，学生从自身的体悟出发，就能发现娜塔莎的纯真，切合高中生学生的认知特点；第二堂课紧紧抓住关键语句进行品读，如"不是这样的，不是这样的"的急促，"等你好久了"的渴望，"三天，我觉得爱了他一百年了"的痴狂等，发现了人物的内心，属于及时的互动。但三堂课中也有根据既定的教学目标，而设计南辕北辙的互动。比如，第一堂课的概括课文的三部分内容，并取一个小标题，其间还插入关于场景目标的复习，这个互动环节可以在导学案或者预习中要求，没有必要在课堂中展现。第二堂课最后提出的"去掉第三部分会不会更好"的问题，可以作为课后作业布置，目的是以理解这个部分对塑造圆形人物的不可或缺。第三堂课行进到32分钟时，师生关于"你喜欢娜塔莎，为什么？"的互动，其实是三个部分都已经分析完了之后对娜塔莎评价的内容，不应是"喜不喜欢"的事，而应是"怎么看"的问题。这里，在设计的时候教师可以先适当补充整部小

说其他内容的资料，然后进行生生、师生互动讨论，如此来充实娜塔莎人物的各个方面。就时机而言，师生互动是一种启发，是师生、生生之间的心灵碰撞，是不愤不启、不悱不发。

　　师生互动还应该是适度的。师生互动是为完成教学目标而施行的一种方式，这种方式较为普遍、实用，成为课堂必备"神器"。但是无节制的使用，会让学生"疲于奔命"，游离于言语之外，表面上热热闹闹，实质上劳而无功，甚至劳而"负"功。第一堂课整个课堂基本上都是在关于第一个问题的师生问答中推进的，缺乏节奏感。教师提供的大多为碎片化的信息，缺少概括和提升，直至38分钟的时候，教师还要求学生讨论"娜塔莎的爱"，以此来引出"圆形人物"这一核心概念，既仓促，又突兀。第二堂课第二环节中，学生朗读体悟的安排过多了点，选择课文三个部分中各有代表性的一处作为体悟性的诵读就够了。就交流形式而言，师生互动只是其中一种方式，还有很多表现方式，如教师朗读学生聆听、学生默想静思，甚至学生提问师生讨论回答等。

　　因此，师生互动的合理性和有效性要看是否能达到教学目标，要看能否借由互动紧扣重点、突破难点，要看学生是否形成、提高了言语技能和水平。我们认为，设计活动，要注重突出言语形式的要求，教师可以让学生动动笔，按照一定的言语句式，有理、有据、有序地表达。设计活动需要精心安排，不露痕迹，在学生兴奋或困惑的时机下，教师应及时推进。设计活动，还要抓住重点有的放矢，环节少而精，要留有余地，给学生以生成的机会，甚至留下时间，给学生有提问的空间。师生互动是一个永恒的话题，即使在沂水春风的课堂里，也有道不完的遗憾。

　　　　　　　发表于《语文知识》2017年11（第21期），第17-27页

聆听另一种声音
——《我与地坛》古园描写的另一番景致

散文《我与地坛》中作者对地坛进行了三度描写，特别是文章第一部分末尾，更是洋洋洒洒数百字而不厌其详。有道是一切景语皆情语，我们可以借对这段景物描写的揣摩去把握作者此时的情感，以此走进史铁生的心灵深处。由此，我特意设计了一个问题，即"我为什么常常要到那园子里去？请结合其中某一个'譬如'来谈谈到那园子里去的理由"。这个环节的设置，目的是让学生进一步理解作者不惜笔墨描写古园形体的意图，即通过古园的"任谁也不能改变"来证明古园历久而弥坚的活力是激励作者勇敢面对自己的不幸，采取积极人生态度的取之不竭的源泉。

诚如我所设计的，学生几乎都从景物充满生命力的角度进行了回答，因为在文章的前面已经有了铺垫，即"园子荒芜但并不衰败"，而且有"幸好有些东西是任谁也不能改变它的"这么一句话来作交代，所以学生们分别从落日、雨燕、脚印、古柏、暴雨和落叶等方面做了阐述，并且得到了大家的认可。下列这些有代表性的观点：

> "落日灿烂的光辉抚平了'地上每一个坎坷'，这好像给了作者以某种暗示。人生确实有意想不到的坎坷，但它终究会被太阳照亮，因为太阳明天依然照样升起。联系到自己的遭遇与不幸，作者想到了如何让自己的一点'坎坷'填满辉煌！这便是他活下去的理由。"
>
> "'高歌的雨燕'在天地间'叫喊'，它们是不管这园子夕日的辉煌还是今日的落寞，只要兴致所致，就引吭高歌，

只要一息尚存，便唱出自己的心声。作者在落寞之中听到这激昂的叫声，怎能不为之一震？怎会不去考虑怎样好好地活？"

"'冬天雪地上孩子的脚印'让人浮想联翩，那是一种怎样的快活的场景啊！欢乐、自由、无拘无束、热情、奔放、无忧无虑，那是活力的象征，是生命的写照，这理所当然激起作者对生命的认同、对未来的渴望！冬日的雪天里看孩子的脚印能给作者以无穷的力量，能不去地坛吗？"

"'苍黑的古柏'恍若站在历史长河中的老人，多少沧桑、多少流变发生在眼前，生命微若纤尘，人生倏忽之间。古柏让作者慨叹人生的短暂，激发作者对生命价值的叩问。这是自然让作者去思考怎样活的问题。"

"是夏日的暴雨给了草木与泥土又一次的生命，它们的'气味'在园中弥漫、扩散，于是'无数个夏天的事件'便在这古园里复活了，园子里充满着生命的气息。这种想象充斥着整个古园，这气味简直让作者神往。这就是地坛给予作者的无穷魅力。"

"秋叶的味道，是秋叶'飘摇歌舞'时点缀缤纷世界的方式，是秋叶'坦然安卧'时悲壮的告白，是秋叶'化作春泥更护花'的殒身不恤的壮烈的幸福，也是秋叶生命辉煌的最后宣言。做一片秋叶，实现自己生命的价值，这或许就是作者为什么要去古园看秋叶的原因。"

"作者从古园中与自己相似的东西中找到了共鸣，他内心有一股想活下去的念头，他希望自己虽为落日，却也能照得灿烂；虽为古柏，却有执着的追求；虽为落叶，却飘摇歌舞，为秋天增添一点灵动的色彩。他希望自己也能把生命的辉煌留给'坎坷'，留给这个世界。"

学生的回答很到位，并且各具自己的个性，这是课堂中教师十分愿意看到的一幕。本来，到此为止，我可以做一个总结性的归纳，同时庆幸自己这么顺利地完成了教学设计的任务。然而，正当我要慷慨陈词之时，有好几只倔强的手飘扬在了教室的上空。我知道，那里有独特的心灵在呼唤，那里有独特的情感要释放。我们有必要停一停，去聆听另一种声音：

"落日时的'坎坷'表示了作者当时的心境：忧郁、落寞、失意，让人觉得似乎周遭的一切都是灰色的。出现在'石门中的落日'，给人一种很压抑的感觉，在这种感觉之下，人们很容易看清自己心头的伤口，就像'地上的坎坷'在寂静的阳光下显得那么的清晰可辨。并且，落日的光辉只是那短暂的一刻，'灿烂'是落日死亡前的'回光返照'，那恰恰反衬出它的没落和悲哀。其实，这也就是此刻作者的心境。这是作者在生与死这对矛盾前的痛苦的思考，他愿意去古园看落日而不去观朝阳，便是最好的明证。"

"'冬天雪地上孩子的脚印'让他猜想着孩子的欢乐与奔放，当然同时也可能激起他对少年时美好生活的回忆。如今残疾的双腿，使他与眼前的这一切无缘了，这是何等残酷的事实啊！看着那清晰可见的脚印，作者心中虽有遗憾，虽有失落，虽有感伤，但还是可以给他以一种慰藉、一点温暖，因为回忆可以暂且忘却眼前的伤痛，这就好像喝绍兴老酒一样，每天喝一点，便能获得一种微醺的感觉，那种感觉是妙不可言的，作者能不去地坛吗？"

"镇静的古柏'没日没夜地站在那儿'，对任何人的忧郁、欣喜都毫无反应，当然也对十五年来出入其间的作者无动于衷，这让作者想到了他的生死对于这古柏的无足轻重，这便给了他一丝坦然与一线安慰，让他继续去考虑如何活的问题。"

"秋天，叶子告别了枝头，闭上眼睛缤纷地飘落，静静地死去，这让作者想到了一个很敏感的字——死。那种'微苦的味道'当然是不好闻的，因为那是死亡的味道。作者的母亲是秋天走的，留给作者的是心头的无法驱散的伤痛，他要去填补这伤痛，他要为母亲好好地活下去。文章的第二部分就集中地描述了作者对母亲的爱、对母亲的理解。这里对秋叶倾情的描绘，其实是为下文做好铺垫。作者经常去古园，从另外一个角度来说，是为了寻觅母亲的足迹，因为有落叶的地方也都有过母亲的脚印。"

"落日、冬天、落叶，这些意象都含有结束的意味，寂静、落寞、忧郁、微苦等词语则含有伤感、冷涩的韵味，这些都说明作者还没有真正面对命运残酷的事实，还没有从痛苦中解脱出来，还没有完全摆脱那个'死'字。到古园里去是为了进一步地思考生与死的问题。"

一语既出，四座皆惊。他们的发言，更赢得了大家羡慕的目光和热烈的掌声。显然，后几位同学独到的见解更富有独特的体验，虽然有几种观点看起来有点偏激，但他们能够独辟蹊径、独树一帜，又能够自圆其说，这都应该受到鼓励和表扬。

对同一的内容，不同的主体可以生成各不相同的体验，因此不同的人可以有各自不同的理解。换一种视角去思考问题便会有另一种新颖的诠释，或许这种诠释还来得更深远，来得更广博，来得更熨帖。这些理解都基于对自我的一种确认。学生对这段景物描写的理解都打上了自我的、鲜明的、个性的痕迹。他们所感受到的是只有自己才能感悟到的东西。他们对文本的理解和发现，其实就是自我灵魂的写照。试想，如果单是按照教学设计，我们哪里还能听得到学生们发自肺腑的另一种声音呢？在课堂教学的过程中，我们往往会为了完成"教"的任务，而常常忽视了学生的"学"，即忽视了学生自我的感悟和独特的体验。我似乎忽然间明朗了这么一个教学的观念：阅读是源于学生内心的，是自我对文本的一种个性化的理解。阅读是学生与文

本精神碰撞、心灵对话和思想交流的过程，它不是教师预设的，而应该是生成性的、创造性的。教师不能代替学生生成意义，也不能把自己的悟解移植给学生。教学应该关注学生自我的体验，而不应该只指向问题的结果。而这些都要求我们教师还给学生一个表达自我的空间。

这或许就是基于发现的阅读教学理论在我的课堂教学中的一次尝试吧。

发表于《语文学习》2004年03期，第23-24页

让言语活动更有效
——营造真实语文学习情景的途径探微

无论如何,语文课堂应该是以学生为主体的课堂。语文课的核心及其本质属性在于学生言语习惯的养成、言语能力的提高以及言语生命的构筑。从这个意义上说,语文课堂就是学生活动的课堂,就是学生言语实践的课堂,就是学生借助于师生对文本的感悟、体察、涵泳、理解而逐渐形成的言语生命的过程。李顺说,言语实践,是学生的实践,要求学生"事必躬亲"。单靠讲解,教师是讲不出学生的能力来的(转引自《言语教学论》第512页)。学生的言语实践活动应该成为而且必须成为课堂的主旋律。然而,考察当下的语文课堂,我们不难发现,学生活动存在着不少问题,概而言之,大致包括下列几点。

一是感受不足,分析强加。课堂不让学生反复了解和熟知言语作品的"表层含义",并由此感知和形成初步的、整体的印象,为走向言语作品的深处做好充分的感受,而是如果学生感受苍白,理解不准或者不深,老师就用分析替代学生自己的感受,用讲解"包办"学生的体悟,其结果是分析空泛、结论空洞。如《祝福》中,四婶慌忙大声说:"你放着罢,祥林嫂!"从字面意义来看,四婶说的这句话意思很简单,就是不要祥林嫂去拿祭祖所用的酒杯和筷子,但祥林嫂马上就领会了这句话背后的意义——即使是捐了门槛赎了身,还是没有参与祭祀的资格。于是她在精神上受到了很大的打击,对生活彻底失去了信心。实际上四婶是嫌祥林嫂先后嫁了两个男人,两个男人又都死了,是个伤风败俗、不吉利、不干净的人,所以不许她去碰祭祖的东西。这种意思是当时社会里占统治地位的封建礼教观念的反映,是在特定的时代和文化背景下所产生的一种言语意义。如果单纯从"你放着吧"的语言表层意义去理解这句话,就会得到错误的理解。为此,我们可以让学生在"你放着罢,祥林嫂!"和"祥林嫂,你放着罢!"两者语序变化的比较朗读中得到体悟。因为朗读其实就是与文本与作者的"对话",某种程度上说,朗读是对文本意义的创造,所以不同的朗读能看出学生不同的体验与理解,以某某名家的所谓"示范"朗读来代替学生的感悟实在是有"越俎代庖"之嫌的。

二是欣赏不够,浅尝辄止。课堂不让学生涵泳体察,去探究言语作品的言语意义,而是"浮光掠影",抽取句子的"骨架","榨出"修辞手法、表达方式等知识,概念术语满堂飞。其实,阅读是一个再现、再造的过程,需要学生注入自己的感情,披文入情、感悟体味,是反观言语形式与内容相结合的过程。假如我们在学习"月色下的荷塘"一段时,挑出其间的几个比喻和通感的句子来讲解,而不让学生自己去欣赏体验作者运用这些修辞的妙处,学生只能"生吞"几条教师总结出来的结论,也不去说学生在课堂上被剥夺了感性的体验,更遑论使学生获得审美的震颤与个性的发展。

三是交流不透,预设依旧。任何一个言语作品,学生在理解的过程中,都需要个人完成对作品的转换。转换是因人而异的,但不同的理解可以通过学生的相互讨论交流,相互补充,不断完善,充分互动可以促成学生转换。然而,因为教师预设的内容太多,不待学生思想的交锋便戛然而止,或少数服从多数"得出"统一的结论。这种强求一律的做法,不仅不符合学生实际,更是抹杀了学生的个性差异,是对学生主体的不尊重。

不足的感知、不多的欣赏和不透的交流,导致了学生言语活动得不到充分的展开。这些都是低效的言语活动,不但无益于学生言语能力的提高,还会使学生养成思维肤浅而说空话、讲套话的坏习惯。一句话,为提高学生言语活动的有效性,教师就要使过程充分展开,而且要开展多方面多层次的学生言语实践活动。鉴于此,笔者在教学实践中做了一些肤浅的尝试,在品读、讨论和片段小习作等方面做了一点探索，以求方家指正。

一是诵读体悟，感受交流。关于诵读，经典的叙述很多。朱光潜很喜欢读李白的《经下邳圯桥怀张子房》，他"常常高声朗诵。朗诵时的心情是振奋的，仿佛满脸热血都沸腾起来了，特别是读到最后'唯见碧流水'四句，调子就震颤起来，胸襟也开阔起来，仿佛自己心中有无限的豪情胜慨，大有低徊往复，依依不舍之意"。这里朱光潜与李白的"视界"似乎已经融合在了一起，朱先生在发现李白的同时也发现了自己，进而任由"李白"改变着自己，完善着自己。朱先生"胸襟"的"开阔"和心中升起"无限的豪情胜慨"，正是在朱先生与李白的对话中，经由诵读体验，超越时空的界限，在想象中达到情与情的对接。

笔者曾经用诵读体悟的方法教读过《记念刘和珍君》的第一个句子："中华民国十五年三月二十五日，就是国立北京女子师范大学为十八日在段祺瑞执政府前遇害的刘和珍杨德群两君开追悼会的那一天，我独在礼堂外徘徊……"笔者要求学生试着通过朗读比较来还原当时的情感，或者说通过复活句子所蕴含的情感来获取体验，达到自我与作者的心灵相遇。这个中间没有标点的长句客观上要求我们在朗读的时候需要一气贯注、一气呵成，为此笔者要求学生在朗读这个长句的时候不要换气。之后，笔者让学生们谈谈朗读文章中那个长句后自己的感受。下面选择部分学生发言的实录片段加以分析。

生1：我读完这句话后，喘不过气来，而且简直是不能呼吸。我感到十分的压抑，悲痛和愤怒从心中升腾。

生2：读这个句子的时候，我不能一气呵成，心中一股郁闷的压抑之气聚积起来，悲愤之情油然而生。开头点明"人民政府"残害人民，尤其给我一种愤恨交织的情感，窝在我心里，仿佛顷刻之间就能爆发。

生3：我感觉，这句话读起来十分压抑、郁闷，有一种莫名的悲伤袭击我的心头，我在一开始就感受到了1926年3

月18日的那种气氛：感受到了那种无奈与悲愤。

生4：我尝试着深深地吸一口气，然后缓慢倾吐，当气将尽的时候，胸口太闷了，这居然就是当时鲁迅起始时的心情，大概这不是悲愤，而是出离悲痛了吧！我也就有了那种想一吐心中的话，便使劲地倾吐，却越发吐不出，越发觉得累的感觉。我通过朗读长句，还真的有点那时的味道了。

生5：我第一次读这个句子，断断续续的，没有什么感觉，而连起来一口气读完，心中不觉慌闷起来，第三次读则更气闷，到第四次读有点愤懑了。

显然，这些同学通过朗读，运用情感的还原，可能已经穿越了时空，走进了鲁迅的情感世界，在刹那间与作者相遇。通过朗读，大家似乎已经发现：这么一个共64个字的长句，读起来确实感到气闷，可以传达出一种沉重的、压抑的而又激烈的悲愤情绪，学生可以通过这种沉缓的节奏感受到鲁迅"欲言又忍"的悲愤感情，仿佛置身于哀乐低徊的悲怆情境之中。而对于这个句子，教师们在教学中往往会采用分析的方法，而分析是理性的，理性的分析往往会失去学生的感性的体验，如此，也就失去了来自学生内心深处的体悟和切身的感受。他们所得到的，只能是他们被动接受的，或者说只能是教师理解的移注。

二是想象体验，填补空白。文学作品中，作者的语言，无论是状景、写人，还是叙事，都经常会出现表面残缺不全的语言"空白点"。面对作品中的"空白"，读者会情不自禁地调动自己的知识结构与联想去加以填补。按照格式塔心理学，当"不完全"（留有空白的形）呈现于眼前时，人们的视觉中会引起一种强烈追求"完整"的倾向，即会激起一股将它"补充"到应有的"完整"形状的冲动，从而使知觉的兴奋程度大大提高。换言之，"空白"能够激活读者的心理冲动，让读者以自己的想象来填补，感受到一种创造的愉快。

《烛之武退秦师》一文中，烛之武如何答应郑文公的过程是一处关键性的"空白",在教读课文时,需要学生根据当时的情形展开合理的想象,身临其境地设想烛之武是如何"许之"的。在教学过程中,笔者设计了这么一个环节,要求学生在"许之"之前加上适当的修饰词,并简要地说说理由。下面是学生想象思考后的发言例子。

生：我认为在"许之"的前面应该加"思量再三",因为烛之武一开始就说："臣之壮也,犹不如人;今老矣,无能为也已。"由壮年到老年,是一段十分漫长的过程,身为人才的他被埋没这么多年,对郑伯的埋怨并不浅,一个道歉是不可能尽释前嫌的。相反,他答应的主要原因是以国家利益为出发点,权衡再三,最终才做出了理智的选择,更可以看出烛之武的胸襟。

其他还有更多的想象,如"无奈许之""强(qiǎng)许之""笑而许之""欣然许之""默然许之""微领许之""谢许之"等。

这里,学生从自我生命的角度出发做了属于自己的合理想象,形成了个性化的理解。或者说,这是学生通过发现和建构作品的意义,也发现和建构了自己。学生不同的回答,反映着学生不同的内心世界。某些合理的想象,丰满了作品人物的性格,使学生更加接近于对人物内心的体悟。而某些不合理的想象,使学生明白自身理解的缺陷与不足,如上述的"无奈""强"。所以,在教学过程中,教师不可以也不能够替代学生的理解和感悟,教师只能为学生与作品之间、学生与学生之间创设适当的情景,为学生展开想象获得体验提供条件,促使学生更深地进入情景,从而获得正确的、适切的理解或感悟。

三是自由发散,探究发现。经典名篇《项链》的构思十分精巧,可谓匠心独运。玛蒂尔德所借的项链明明是假的,可是小说却到最后才说出真相,而这个结局在上文中早已有了交代。对于这个教学内容,在教学设计的时候,教师一般会去要求学生自己把它找出来。学生也往往一下子就能够在文中找到三处铺垫：一处是借项链时，她的女友佛来思节夫人表现得十分大方，毫不迟疑地说："当然可以。"第二处是当她去买项链时，珠宝店老板"查看了许多账簿"以后说："……我只卖出这个盒子。"这里说明项链与盒子不是原配的。第三处是她去还项链的时候，佛来思节夫人竟"没有打开盒子"看。在教学过程中我们往往这样想，也这样做了。笔者以前也经常这样安排教学。因为向来在教师的准备中，学生能够找出这三处伏笔就达到了教师的预设要求，教学程序就算完成了，目的也就达成了。而在笔者具体实施这个环节的时候，那三个原以为一下子就能找到的伏笔却"姗姗来迟"，倒是不少同学"发现"了其他六处伏笔，着实让笔者一阵兴奋。例如：

> 生1：我认为在第16页中，路瓦栽"到警察厅去，到各报馆去，悬赏招寻，也到所有车行去找"，后来，"过了一个星期，他们所有的希望都断绝了"。照常理，既然是"悬赏招寻"，那寻物启事里应该会写上有关项链价值的信息，如果真的有人捡到了那挂项链，他也不会报案，为什么呢？捡到项链的那个人是绝对不会相信有人会为了一挂"最多值五百法郎"的项链去警察局报案或者在报纸上登寻物启事；不然，早就有可能会有人来报案了。"所有的希望都断绝"，说明根本就没有那挂真的项链，人家当然是不可能捡到的。

因此，教师预设的答案需要具备一定的选择性、开放性与自由度，以应变学生对文本的多元理解和"这一个"的解读。当然，也有的学生的感悟是不尽正确的，教师要及时地进行正确的引导。

四是片段写作，比较鉴赏。除了上述方式外，让学生用较短的时间按有具体言语形式要求的片段进行小写作也是笔者在课堂上经常用的方法。

例如，笔者教读《流浪人，你若到斯巴……》一文，是借一名德国伤兵的眼睛，巧妙地再现了昔日母校变成临时战地医院的种种惨象，真实反映了战争的惨无人道。小说末尾，"我"发现"我失去了双臂，右腿也没有了"，也终于认出手术室就是三个月前自己读书的教室。临近课堂结束，为了让学生更加明确地感受到战争给人们带来的灾难，笔者要求学生用一句运用了对比手法的话来具体谈谈感受，结果学生从不同的侧面进行了概括。

生1：一个充满艺术气息的美术教室变成了一个充满血腥味的手术室。

生2：一所充满艺术气息的文科学校变成了充满血腥气味的伤兵医院。

生3：一座美丽的城市变成了一个硝烟弥漫的战场。

生4：悠闲和蔼的门房变成了疲惫苍老的消防员。

学生运用一句话概括，十分简洁地再现了昔日母校变成临时战地医院的种种惨象，这使学生对战争的惨无人道的理解更加深刻、更加清晰。

又如，《一个人的遭遇》描述了主人公索科洛夫从战俘营逃回后的经历。最后为了使学生更加直观地了解战争给一个普通人带来的不幸遭遇，笔者要求学生用自我简介或年谱的方式介绍小说的主人公。

生：我叫安德烈·索克洛夫，苏联人。1917年，也就是我17岁那年，十月革命爆发，我参加了红军。1922年，由于大饥荒，我的父母都被夺取了性命。我复员后便回家务农，后来还当了工人，我娶了孤儿伊琳娜为妻，生了一个儿子和一个女儿。我41岁的时候，卫国战争爆发，我应征入伍。第二年，我受伤被俘。后来，我听说就在这年6月里，我家的房子被炸了，我的妻子与女儿都不能幸免。1944年，我俘虏了一个德国少校，回到了自己的队伍中。此时，我的儿子也参军，并且当上了大尉炮兵连长。次年5月9日，我期待着与我的儿子阿拿多里在德国首都附近见面，可是我见到的却是儿子的尸体，他很不幸地被德国狙击兵给打死了。我失去了所有的亲人。接着，我退伍了，只能住在乌留平斯克老战友的家里，认养了一个孤儿凡尼亚。11月的时候，我开车撞倒了一头牛，被吊销了驾照。1946年初春，我只好带着我的养子到外地谋生去了。

借助年谱的编制和自我简介的缩写，战争给一个普通人带来的不幸遭遇变得更具体、更可感。

又如，《江南的冬景》第七段，作者用一支美工笔勾画出了江南"微雨寒村里的冬霖景象"，其语言颇具诗情画意。笔者要求学生用意象叠加的方式，把这段文字改写成一首诗，并提示可以模仿《天净沙》的写法。结果，学生的作品别具一格，使人眼前一亮。

生1：乌篷流水远阜，白雨长桥夜幕，月晕之下，众酒客在喧哗。

生2：长桥远阜人家，杂林树枝槎枒，门泊乌篷，屋有喧哗。幕垂，灯在窗上画。

生3：河边三五人家，长桥远阜中间，多是槎枒。白雨漏到树下，茅屋内酒客在喧哗。

发表于《语文教学通讯·A刊》2015年03（第3期），第16-17页

走向学生提问的课堂

——从"以教为主体"到"以学为中心"的转向

新课程标准颁布已有一年多了,而现今的课堂上,教师依然"主宰"着一切,课堂中往往没有学生的提问。我们可以从三个方面的对策入手来促使学生提问,实现学生的主体地位,即转变师生观念,营造良好氛围;指导方式方法,提供对话空间;及时做好评价,激发提问兴趣。从学生提问的意义层面来说,提问是转变学生学习方式的一个支点,是实现学生主体的一种途径,是走向多重对话的一种方式。

一、现状探析

我们先来看一则报道:"上海某区教育学院就课堂提问的专题随机抽取6所中小学,调查了语文、数学课各9节,发现在目前课堂教学中,学生不敢提问和教师不善于提出问题的现象相当突出。在被调查的18堂课中,经统计只有一名小学生在语文课上向老师提出了一个问题,而在另一堂课上,任课教师45分钟之内竟然一口气向学生提了98个问题。"[1]事情虽然发生在上海,但似乎也发生在我们自己身边。一个学期以来,我听了50多节课,有校级的、市级的,也有省级的优质课,其中没有一节课里有学生的提问。环视周遭或者反观自己,我们不难发现这种师问生答的形式几乎占据了课堂,而且很可能已经成为当前阅读教学课堂的主要形态。

其实,这种"满堂问"的授课方式的实质就是"满堂灌"的同质异构体。这种课堂的问题是预设的，学生的回答只不过是"殊途"，它终究会走向"罗马"。学生已经"建立了一个信念：教师的任何问题都具有一个标准答案的"[2]。教师仍然"享受"着话语的"霸权"，学生不会、不敢、不愿提出问题实属情理之中。分析个中原因不外乎下列三个层面：一是传统观念依旧。师道尊严的思想浸淫在每一个教育者和受教育者的心中：教师以知识的拥有者自居，较少探索学生自主学习的方法，只按教案设计的程序实施，不根据学生实际因材施教；学生在不自觉中早已形成了"教师讲授的一切都是无可置疑"的思维定式，凡是老师说的都是对的，凡是老师教的都是好的，即使心里觉得老师讲错了也会视为对的。二是不良教法使然。在我们的诸多教学方法中，传授法以其便捷、快速、高效的特点成为课堂教学的主流，所以教师为了把结果交给学生，只注重启发提问，而忽视了学生的主动发问，只注重完成教学任务，而忽略了学生的理解与接受。也就是说，教师只注重自己的"教"，而不去关注学生的"学"。学生根本就没有提问的空间，更没有提问的时间。三是学生自身的原因。由于还不理解或者没有感受，学生没有问题可问；有了问题也不知怎么问；即使想问，也怕词不达意，唯恐受到同学的耻笑或教师的否定。因此，没有学生提问的课堂其实是教师对学生主体的漠视造成的，当然，这种课堂也不具备对学生主动精神和创新意识的培养。其实质是，课堂由师生互动交往的平台变成了教师表演"教案剧"的舞台。

而颁布不久的高中《新课程标准》呼唤教师的角色转变，呼唤学生学习方式的变革，强调培养学生的"探究意识和发现问题的敏感性"，"重视探究的学习方式"，"鼓励学生自由地表达、有个性地表达、有创意地表达"，发展学生"独立阅读的能力。善于发现问题、提出问题，对文本作出自己的分析判断，努力从不同的角度和层面进行阐发、评价和质疑"。[3] 所以我认为，课堂里的学生提问将成为培养学生发现意识和创新精神的契机。

二、对策探讨

阅读教学中是否让学生提问,如何引导学生提问,看起来是教学方法和技术的问题,但其实是一个教学观念问题。因为这涉及教师重新确立自己的课堂地位和工作的角度;涉及教师从课堂主角向学生的合作者、鼓励者和引导者的角色转换。布鲁纳认为,在教学过程中,学生是一个积极的探究者,教师的作用是要形成一种学生能够独立探究的情境。所以,让学生能大胆地摆脱对权威的迷信,冲破固执己见的思想牢笼,有赖于教师在教学中营造学习氛围,给学生一个民主、和谐、平等的对话环境。唯其如此,才能放飞学生的思想,激励学生主动探究的热情。所以,我们可以探讨以下三个方面的对策。

对策一:转变师生观念,营造良好氛围

教师要确立正确的教学思想,需要不断更新教学观念。教师的"教"要为学生的"学"服务,要为学生"学"赋予更多的自由和主动权。教师还要建立一个温暖的、学生彼此接纳的、相互欣赏的学习场所,营造积极健康的集体氛围,使学生懂得尊重别人的发言,养成良好的学习习惯。

1. 公开备课资料,组织思想争鸣。

师生共同占有备课资料、公开教参及其他教辅资料。这体现了教师的自信,也体现了教学的民主,更重要的是这给学生提供了更多的阅读空间。学生可以根据自身的认知结构、人生态度、性格爱好和阅读的经验,获得不同的感受,得出不同的、具有个性色彩的结论。同时,师生也能通过鉴别、取舍和消化备课资料,研讨文章中更为深层的问题。中学生已具备一定的认知能力和个性思想,尽管他们学识有限,但他们也会从自身所处的时代和个人的视界向文本"发难""诘问",所以在语文课堂中总会闪烁思想碰撞的火花。因此,教师要给学生提供思想争鸣的环境。学生敢于发表不同看法,就表明他们已经开始具备探索真理的勇气了。教师更应该让学生畅所欲言。

2. 鼓励挑战权威，提倡师生商量。

多年来的常规教学，使学生产生"唯书本是从、唯教师是听"的迷信思想。为破除迷信，我们可以利用最新教学杂志，给学生提供一些有关课本的质疑性的文章，让学生明白，课本中也有不足之处，并带头"挑刺"。既然在课堂上提倡师生平等，那么就应该允许学生提出与教师不同的观点；既然说要尊重学生，就应尊重学生发表不同观点的权利。就这一点而言，我们可以采纳天津市特级教师李鉴蕙对学生提出课堂教学中的"七个允许"，即"错了允许重答；答得不完整，允许补充；不明白的问题允许发问；没想好的允许再想；教师错了允许提意见；不同意见允许争论；争论到炽热化时，允许学生自由抢接话茬发表意见，不必举手等待老师批准"。[4] 也只有在这种氛围之中，学生才敢于突破自我，释放心中的疑惑，从而放开自己的思维，开出创新之花。

对策二：指导方式方法，提供对话空间

敢于提出问题，还要避免学生提出低水平的问题，因为课堂的时间是有限的，况且还要考虑到课堂的实效。所以，在具体的教学过程中，我们还必须对课堂时空进行监控，为学生提问提供方法的指导。

1. 提出自学要求，留足思考时空。

一般在授新课前，学生要在教师的引导下，有目的、有计划、有重点、有范围地预习所要学的知识内容，对重点和难点提出若干高水平的问题。我认为，可以要求学生先自学课文，独立阅读，发现问题并记在书本边空白处。学生自学课文要做到"四看一查一提问"。四看，即看注释、看课文、看课文前后编者引导与设计的思考与练习、看教参及有关资料；一查，即查字典、词典和有关工具书；一提问，就是提出自己阅读时不清楚的、有疑问的、不会解答的问题。然后，按小组（水平有梯度的6至7人为宜）在课前进行分组讨论，最后由组长把意见不一或难以解决的问题集中在笔记本上，在上新课前，交给任课教师。教师根据学生课前讨论后遗留的问题，结合文章的重点、难点进行筛选和整合，进行课堂讨论。这样，教师就有机会去解决学生心中的疑问了。当然，也可以鼓励学生在课中随时提问，教学内容结束后留一段时间让学生提问，下课后鼓励学生到办公室提问。这样，从课前、课中、课后的3个时间维度上保证了提问的时间，从书面和口头的形式上保证了每个学生都有提问的机会，切实保护学生提问的积极性，激发学生提问的兴趣，培养学生的"好问"的习惯和探究的精神。

当然，对于自读课文，我们可以安排得开放些。学生通过自学，发现了问题，写在课文右侧的空白边上，教师在一边巡视、进行个别辅导，一边搜索学生的问题，进行分组讨论，或让学生自由提问，集体讨论。这样安排也是为了让学生能充分地阅读并充分地思考，从而发现问题、提出问题。

2. 适度调整构思，适时铺设台阶。

学生的问题一般有三类：一是没有偏离教学构思的，这类问题通过教学过程本身就可穿插解决；另一类是偏离教学思路的，这类问题可当场解决，也可课后个别解决，还可通过变换问题的角度来解决；还有一类是教师和学生都回答不了的问题，这类问题可通过讨论集思广益，一时解决不了的就留待课后再去解决。所以，教师碰到后两类问题应及时调整教学构思。学生的思维一旦被调动起来，就会迸射出智慧的"火花"，教师要善于捕捉稍纵即逝的"火花"，使之成为智慧的"圣火"。教师要为学生搭好"脚手架"，让学生通过努力自己发现问题，不必做过多暗示，更不能替代学生提问，并做到学生能问的教师绝不先问，即使学生一时不能发现，教师也要有足够的耐心，给予充足的时间，等待学生去思考、发现。特别是在新授课的开始、阶段性小结和课堂总结时，教师应留出一段时间供学生自由发问，并使之成为教学过程中的一个调动学生学习主动性的环节。但提倡学生提问并不是说就取消了教师的提问。对有些课文，学生提不出有质量的问题，或者提不出体现课文重点或难点的问题，学生阅读时往往一晃而过，不觉得有问题。针对这种情况，教师可以及时设疑，以激发学生思考。

对策三：及时做好评价，激发提问兴趣

1. 提供成功体验，做到随机应变。

对于学生提出的问题，无论是难是易，或深或浅，教师都应表现出足够的尊重，并且表现出充满激情的真诚赞扬，这样才能使学生从提问中获得成功的体验。教师组织学生讨论学生的提问，靠集体的智慧解决难题，教师对学生的创造力要表现出发自内心的喜悦和自豪，使学生体验到集体的力量和成功的喜悦。

评价要在学生突破自己，迸射出"创造火花"之后及时地进行。对在提问中表现突出的学生的评价尽可能客观些，使他们能够向更高的目标努力，防止他们滋长骄傲情绪；对不敢提问或不愿发表意见的学生则多鼓励，多采用肯定性评价，使他们常常觉得自己在进步，激发他们成功的情绪体验。即使学生反馈错误信息，教师也应"艺术"地予以某种肯定，再婉转地指出问题，使对方乐于接受失误。学生提问后得到教师的肯定性评价，能使学生在心理上获得满足，产生积极愉悦的体验，可以增强学生的自尊心和学习的自信心，激发学生的探索欲望，久而久之，学生便会养成"学而思、思而疑、疑而问"的良好学习习惯。

2. 采用多种方式，乐于承认不足。

对学生的提问或回答，应采取不同的评价方式。评价的具体方式可以由教师口头言语表达，也可以采取学生互评甚至学生自评的方式进行。也可以加强学生自评和互评能力的培养，鼓励学生敢于发表独创性意见，勇于自我评价。教师还可以用"无声的语言"来表达对学生的肯定，比如教师热情的笑容、兴奋的神情和期待的眼神等非言语行为。

有的时候，学生的提问或回答超出了教师准备和考虑的范围，但又确有道理，甚至有标新立异、孑然独立的特性，此时教师应当迅速捕捉这瞬间的机会，在充分肯定学生的基础上，坦言自己的不足，真诚地表达学生理解上比自己高明，自己应当向学生学习。实践证明，教师这样做不但无损于自身形象，反而会赢得学生的信任与尊敬，从而使学生更积极地去钻研问题，勇于回答问题，甚至主动提出有价值的问题。

三、意义探寻

学生提问改变了问题的呈现方式，也改变了课堂的结构形式，即由训诲型和传授型课堂转化为对话型的课堂。

学生提问使学生从他主走向自主。课堂中，引导学生提出问题并得出自己的结论，要比教师提问达到教参所规定的结论更有意义。建构主义理论认为，学习是学习者主动建构意义的过程，而不是被动接受外界刺激的过程。学生以自己已有的知识、经验为基础，对新知识信息进行加工、理解，由此建构起新知识的意义，同时原有的知识经验又因新知识经验的进入而发生调整和改变，达成视界的融合。学生发现问题和提出问题的过程其实就包含了对新旧知识的选择、分析、批判和创造，而学生提问使学生成为问题的真正拥有者，成为课堂信息的直接提供者。这样的课堂才是学生自己的课堂。教师怀揣"答案"，"独霸"讲坛，苦心"经营"问题，上演一问一答的"闹"剧，其实是"目中无人"。雅斯贝尔斯说："人的回归才是教育改革的真正条件。"[5]让学生的提问走进课堂，就是学生作为人的真正回归。重视学生的提问，从一定程度上说就是重视了学生作为主体的存在。

学生提问使学生从接受走向体验。积极的信息加工理论认为，学生要成为积极理解和独立思维的主体，就必须提出问题来引导注意力和促进思维活动。由此，我们提倡让学生自己提问，而不是让学生绕着教师的问题转。雅斯贝尔斯说："知识必须自我认识，自我认识只能被唤醒，而不像转让货物。"[6]接受、灌输就是货物（教参或教案）的"转让"，而"唤醒"则是一种内心的敞亮，是一种情感的体验。

换句话说,"转让"是外烁的,"唤醒"是内发的,接受教师的提问是被动的,学生提问则是主动的。学生的提问可以使学生从自己的内心体验出发,从中获得发现的惊奇与自豪,满足求知欲的愉快以及创造的快乐。

学生提问使课堂从对白走向对话。《学会生存》一书中有如下论述:"教育工作者作为受教育者的教育者必须'死去',以便作为受教育者的受教育者重新'诞生'。同时,他还必须向受教育者建议:他应作为教育者的受教育者而'死去',以便作为教育者的教育者而'重生'。"[7]教师的教,其实是在和学生一起学,唯有这样的"死去活来",受教育者和教育者才能"在精神上不断地丰富与更新"。[8]德国哲学家马丁·布伯说:"如果我作为我的'你'而面对人,并向他吐诉原初词'我——你',此时他不再是物中之一物,不再是由物构成的物"。[9]"我——你"的关系中,双方都是主体,来往是双向互动、相互对等、互相开放的对话关系。对话是生成的,是一种精神的相遇,是一种经验的共享。那种指向预设知识与正确答案的教学形式或曰"启发式",形式上一问一答,往来热闹,实质上却不是对话而是对白。接受美学代表人物伊瑟尔指出,任何文本都具有未定性,其意义只有在阅读过程中才能产生,是文本与读者相互作用的产物。因此,阅读不是被动的反应,而是交流与对话,阅读教学也不是教师外在的灌输,而是学生主动的参与,是学生与文本的交流和对话。依此,阅读教学必须充分发挥学生这一积极接受的主体作用,通过学生的发现问题、提出问题,完成教材的再创造任务。教师在阅读教学中应该在学生和作品之间建立一种对话关系。作品与教师是对话的一方;学生提出的问题以及对这些问题的解决,便成了对话的另一方。

注释

[1]苏军.课堂提问有学问[N].文汇报,2001-03-20.

[2]袁振国.问题与答案哪一个更重要?[J].人民教育,2001(4).

[3]中华人民共和国教育部.普通高级中学语文课程标准[S].北京:人民教育出版社,2003:5.

[4]魏红,野晓航.让学生在课堂中"活"起来[J].中国教育学刊,1999(5).

[5][6]雅斯贝尔斯.什么是教育[M].邹进,译.上海:生活·读书·新知三联书店,1991:51,10.

[7]联合国教科文组织国际教育发展委员会.学会生存[M].北京:教育科学出版社,1996:176.

[8]王尚文.中学语文教学研究[M].北京:高等教育出版社,2002:143.

[9]马丁·布伯.我与你[M].上海:生活·读书·新知三联书店,2002:6.

发表于《语文教学通讯·高中刊》2004年05(第15期),第18-19页

换一种体式

——用比较来提高学生言语表达能力的探索

这里要谈的比较，主要是指学生在课堂里进行的小写作活动的成果比较。所以，言语表达也就狭义地指书面的小写作活动。让学生按一定的言语形式，写一句话或一个片段，是笔者在课堂上常用的小写作活动，姑且把学生的小写作活动成果称作"作品"。把同学们有代表性的作品展示出来，通过比较，让学生借助讨论发现不足，并尝试修改润色，以此来提高学生的言语表达能力，是笔者一直坚持在做的学生课堂言语活动。根据具体的课文，安排一点时间让学生动笔，方式多多，比如概述故事情节、为人物编写年谱、散文改诗歌、想象描述等。下面就列举一二，供方家指正。

一、概述故事情节

教师在课堂上指导学生概述课文是培养学生概括能力的一条有效途径。概述是对课文的概括性叙述，它要求舍弃课文的具体情节和次要内容，用简明扼要的语言表达其基本内容。在进行概述课文活动之前，首先要让学生明确概述与复述的区别：概述是概括性叙述，是对课文内容进行抽象、概括地叙述；复述是重复性叙述，是重复原文或接近原文的叙述。因此，从思维方面说，它比复述更多地要求分析、比较、归纳；从语言方面说，它更看重组织自己的语言、运用概括性的语言。其次要使学生明白的是概述必须抓住课文的主要信息，不能什么都不要，而导致太模糊。

教读《山羊兹拉特》一文时，我要求学生用一句话概括故事情节。根据完成的情况，我与学生们一起比较了五个同学的作品。

①王银钢：一头羊和一个人的故事。（后来他自己又改为一个人去卖羊，在路上遇到了雪，羊把人救了，人不卖羊了。）

②邹杰：阿隆去卖羊，在路中遇到了暴风雪，他们躲在草堆里，羊吃草，他喝羊奶，共患难，他最后获救，决定不再卖羊，过上和谐生活。

③王小波：迫于生计，勒文让阿隆把兹拉特牵到城里去卖掉，在路上遇到了暴风雪，他们躲到了草堆里，共同战胜了困难，安全回家。最后，兹拉特成了阿隆家庭的一员。

④孟晰聪：灯会前期，阿隆家没钱，想去把羊给卖了，途中阿隆遇到了暴风雪，阿隆与羊共患难，脱困后不愿卖羊，一起回家，羊成了家中的一员。

⑤陈萍：灯节前，阿隆家没钱，决定把羊卖了，阿隆在送羊途中突遇暴风雪，和羊共患难三天三夜，回到家后，羊成了家庭的一员，过上了美好的生活。

经过比较，交流讨论后，学生们基本认为：作品①太简略了，虽然有后面的修改，还是太笼统。作品②虽然具体化了人物和事件，比作品①有进步，但不够完整，况且"羊吃草，他喝羊奶"的表述不够雅。而作品③补充了最后的结局，比作品②的"过上和谐生活"要符合实际。作品④与⑤既全面又具有概括性，一目了然。

二、一句话感受

《流浪人，你若到斯巴……》一文末尾，"我"发现自己"失去了双臂,右腿也没有了",也终于认出手术室就是三个月前自己读书的教室。临近课堂结束,为了让学生更加明确地感受战争给人们带来的灾难,我要求学生用一句运用了对比手法的话来具体谈谈感受。结果学生们从不同的角度进行了表达,着实丰富了小说的内涵,也让大家更深刻地理解了小说的主旨。

①一个学绘画的学生变成了一个伤员。(徐洁琼)
②一个学习绘画的学生变成了永远失去双臂的伤员。(何静)
③一个充满艺术气息的美术教室变成了一个充满血腥味的手术室。(徐青青)
④一间带有艺术气息的美术教室变成了充斥血腥气味的手术室。(黄杨)
⑤一个充满艺术氛围的美术教室变成了血腥弥漫的临时战地手术室。(杜良标)
⑥一座美丽的校园变成了战地医院。(孟亚琳)
⑦一所充满艺术气息的文科学校变成了充满血腥气味的伤兵医院。(占雄)
⑧悠闲和蔼的门房变成了疲惫苍老的消防员。(刁云凤)
⑨一座美丽的城市变成了一个硝烟弥漫的战场。(施萍)

上述作品十分简洁地再现了昔日母校变成临时战地医院的种种惨象,反映了战争的惨无人道。学生经过一句话感受的比较,理解就更为清晰了。

三、自我简介和编写年谱

《一个人的遭遇》描述了主人公索科洛夫从战俘营逃回后的经历。

为了更加直观地展现战争给一个普通人带来的不幸遭遇,我要求学生用自我简介或年谱的方式介绍小说的主人公。

①我介绍:我叫安德烈·索克洛夫,苏联人。1917年,也就是我17岁那年,十月革命爆发,我参加了红军。1922年,由于大饥荒,我的父母都被夺取了性命。我复员后便回家务农,后来还当了工人,我娶了孤儿伊琳娜为妻,生了一个儿子和一个女儿。我41岁的时候,卫国战争爆发,我应征入伍。第二年,我受伤被俘。后来,我听说就在这年6月里,我家的房子被炸了,我的妻子与我的女儿都不能幸免。1944年,我俘虏了一个德国少校,回到了自己的队伍中。此时,我的儿子也参军,并且当上了大尉炮兵连长。次年5月9日,我期待着与我的儿子阿拿多里在德国首都附近见面,可是我见到的却是儿子的尸体,他很不幸地被德国狙击兵给打死了。我失去了所有的亲人。接着,我退伍了,只能住在乌留平斯克老战友的家里,认养了一个孤儿凡尼亚。11月的时候,我开车撞倒了一头牛,被吊销了驾照。1946年初春,我只好带着我的养子到外地谋生去了。(陈柳颖)

②《安德烈·索克洛夫年谱》

1917年　17岁,参加红军。

1922年　大饥荒,父母双亡。

1941年　卫国战争爆发,应征入伍,告别妻子儿女。

1942年　受伤被俘。俘虏德军少校,逃回自己的队伍。

1942年6月　炸弹击中家里的房子,妻子女儿遇难。

1944年9月　儿子阿拿多里当上了大尉和炮兵连长。

1945年5月9日早晨　儿子阿拿多里被德狙击兵打死。

1945年11月前　住乌留平斯克老战友家。收养孤儿凡尼亚。

1945年11月　开车撞倒了一头牛,被吊销了驾照。

1946年春　带养子去外地谋生。（郭静）

上述两例是较有代表性的作品，突出的是这个人遭遇的不幸，属于概述到位的典型例子。借助于作品的比较，战争给一个普通人带来的不幸遭遇就更显而易见了。

四、改写

《江南的冬景》第七段，作者用一支美工笔勾画出了江南"微雨寒村里的冬霖景象"，其语言颇具诗情画意。我要求学生用意象叠加的方式，把这段文字改写成一首诗，并提示可以模仿《天净沙》的写法。结果，学生的作品使人眼前一亮。

①乌篷流水远阜，白雨长桥夜幕，月晕之下，众酒客在喧哗。（钱钢）

②河流人家村庄，对桥临阜会聚，杂木白雨乌篷，天色渐晚，酒客对月相饮。（杜良标）

③长桥远阜人家，杂林树枝槎枒，门泊乌篷，屋有喧哗。暮垂，灯在窗上画。（钱晓芳）

④枫林晚霞飞鸟，长桥流水野花，楼台微雨黄发。月下树梢，众酒客乐农家。（陈平）

⑤微雨寒村杂林，长桥远阜小舟，茅屋酒客欢声。夜幕挂下，窗纸透出月晕。（董林娜）

⑥河流村庄人家，长桥远阜槎枒，茅屋喧哗酒家。白雨洒下，村民们很闲暇。（许玉萍）

⑦三五人家聚村头，门对长桥临窗阜。几个酒客在喧哗，一页乌篷泊门前，天幕降临，一圈月晕茅屋中。（何静）

⑧河流边三五人家，长桥远阜中间，多是槎枒。白雨漏到树下，茅屋内酒客在喧哗。（鲁晓霞）

五、想象描绘

《勃兰特下跪赎罪受到称赞》作为一则新闻，目的是让学生学习新闻的特点和"倒金字塔式"的新闻结构，同时借其中的内容培养学生牢记历史，加深反对战争、热爱和平的情感。为了达到后一个目的，让这一情景更深入学生心灵，我设计了这样一个活动，要求学生们结合3年后接受意大利著名女记者法拉奇的采访，把当时勃兰特下跪时的情景描述一下。

①历史在勃兰特的眼前闪烁着，耳边似乎响起了犹太人死难者悲苦的呻吟声。勃兰特不由自主地跪在了墓前，他双手交叠放在胸前，下颚微低，面色凝重，他默默地祈祷着。这时候，寒风呼呼地刮着，勃兰特感觉到寒气透过膝盖直往上蹿，然而悲凉而肃穆的气氛让他忘记了这一切。（许玉萍）

②1970年12月7日，大雪刚过，地面洁白一片，空气干燥冰冷，不时地有寒风凛冽地刮在脸上。这是东欧最寒冷的一天。联邦德国总理勃兰特冒着风雪，来到了华沙犹太人死难者纪念碑下。面对昔日统治者对世界人民犯下的罪恶，这个曾经是法西斯国家的国家的总理会是怎样一种心情呢？各国记者充满了好奇，一些别国的领导人也在旁静静地伫立着，寒冷的空气中多了一份肃穆！只见勃兰特步履沉重地走上前，向纪念碑献上了花圈，接着退后一步垂手而立，脸上写满了凝重与自责。突然，他双腿下跪，双手交叉，发出了来自心底的低沉的祈祷："上帝饶恕我们吧，愿苦难的灵魂得到安宁！"在场的人被眼前突如其来的一幕惊呆了，只见这位显赫的联邦德国总理双膝触着冰冷的大理石，低垂着头，身体在寒风中微微颤抖。空气似乎凝固了。过了一会儿，记

者们终于缓过神来，纷纷掏出相机记录了这一具有历史意义的时刻，周围的人们也纷纷对勃兰特投以崇敬的目光！（钱晓芳）

发表于《语文教学与研究》2008年09（第25期），第28-29页

释放真诚，袒露自我

——向《咬文嚼字》学习字斟句酌

授课背景：每周六的语文课安排作文讲评已经成为我的惯例。因为昨天刚讲完朱光潜先生的《咬文嚼字》，所以这节课我想让学生读写结合，运用里面的原理，对同班同学的作文进行修改，随后与原作者探讨字词变动后的优劣。上课铃还没有响，我夹着作文簿走进了教室，见同学们挺热闹的，原来有几位同学在要求同班同学写赠别留言呢。下学期要文理分班了，大家感情很好，临别之前写一点文字留作纪念也属情理之中。写临别赠言可是要花点心思的，我想我今天上课的目的也正是要求学生在语言运用上注意同思想、感情紧密结合，于是，我临时改变了原来的安排，索性今天就来写写赠言。

授课时间：2004年5月29日下午第一节

授课班级：绍兴市高级中学高一（22）班

授课过程：

师：同学们，今天我们不讲作文了。刚才，我看到有几位同学在邀请另外的同学写临别赠言。我想，这是一件十分有意义的事情。是啊，朝夕相处一年的同学之间建立了很深的同学情，面对将要分别的同学总是有很多的话要说。今天我们就在课堂里说说知心话，好吗？

生：好！（欢呼雀跃）

师：请大家拿出一张纸。我想，在一年的时间里最熟悉的莫过于"同桌的你"了，（生笑）下面先请大家根据自己的了解来写写同桌的特点，至于形式嘛，可以在"同桌的你"之前加一些定语，如何？（生写）

师：我想请几位同学交流一下。（自愿和指名结合）

张　彦：大大咧咧，爱闹、爱玩、爱吵架，又有些男孩子气的同桌的你。

王建伟：勤奋好学，但不爱运动；知道圆周运动，但不会让篮球转动；善于表达，但含含糊糊；一表人才，但一不注意"雪花"飘落；身体强壮，让我看了好怕怕的同桌的你。（师生大笑，鼓掌）

赵　男：和我一起快乐，一起吵闹，一起讲空话的是你；和我动不动就争执，没几天就斗嘴，有时还掺杂着冷战的还是同桌的你。

柳陈英：浪漫活泼，爱管闲事爱撒娇，爱抛媚眼爱说笑的同桌的你。（师生大笑）

骆芳琴：没有巩俐的身材，没有朱茵的肌肤，没有林心如的笑容，却有大方、大气、大度性格的同桌的你。

冯建敏：时而郁闷，时而阳光；时而疯癫，时而正经，十足的周杰伦粉丝的同桌的你。（笑）

陈文娟：野蛮、开朗、幽默风趣，说话大声的同桌的你。

陈　平：聪明、勤奋、爱比拼的同桌的你。

叶　峰：爱钱如命，大腹便便，吃饭狼吞虎咽的同桌的你。（师生大笑）

葛莹莹：有圆圆的脸蛋，大大的脑袋，胖胖的身子，长长的双腿，活泼、开朗、认真、单纯的同桌的你。

喻鑫盛：篮球冲锋第一，吃饭飞奔第一，逗人开心第一的同桌的你。

陈　威：爱讲空话，特别爱讲大话的你；爱运动，但又讨厌长跑的同桌的你。

……

师：真的，大家都写得很有个性，有的甚至把同桌的老底都翻出来了。（生笑）当然，这些都是真心真意的表白，没有半点儿的矫情。而且，我发现，我们同学大都十分讲究表达上的韵味，刚才大家的笑声已经证明了我们同学描述的成功。不过，也有的同学，不自觉地运用习惯了的、概念化了的套语滥调，落入了朱先生说的"套板反应"，这是我们要竭力避免的。好，接下来我想请我们的同学来找一找同桌的优点，用"某某某，我喜欢你……"开头来写，怎么样？

（生写，后随意地发言）

任三珊：我喜欢你和我一样，爱吃零食爱逛街，喜欢你笑起来右边眼睑上那颗跳动的痣，喜欢你生气时候板着的脸，喜欢你早自修在我写作业时帮我看门时那认真样。（师生笑）

叶　峰：我喜欢你的沉寂，因为沉寂是你深入思考时的表现；我喜欢你的腼腆，因为腼腆是你善良内心的最直接表白；我喜欢你的聪明，因为聪明是你运筹帷幄的法宝；我喜欢你的慷慨，因为慷慨是你真情流露时的表达。（鼓掌）

王司雨：我喜欢你傻乎乎的样子，喜欢你认真做着习题时特殊的表情，喜欢你打篮球时卖力的身影，我还喜欢你那双可爱的小眼睛。（师生大笑）

胡杰斌：我喜欢你的含而不露，喜欢你的冷静沉着，甚至喜欢你的"老谋深算"。（师生笑）

陈月萍：我喜欢你对谢霆锋穷追不舍的毅力；我喜欢你对云南丽江美丽天空的追求热情。

蔡文宏：我喜欢你的潇洒，不顾后果，能一笑而过；我喜欢你的放肆，用带着发嗲的声音跟人撒娇；（师生笑）我喜欢你的眼神，不经意间却给了我勇气。

金　晶：我喜欢你简单的笑容，无忧无虑，把烦恼看得很小很小，把快乐放得很大很大。（鼓掌）

许海芳：我喜欢你爽朗的笑声，但我更喜欢你"忧国忧民"的沉默。（师生笑）

骆程泽：我喜欢你的"鬼话连篇""油腔滑调"。（师生笑）

余慧萍：我喜欢你睁着大大的蒙眬的眼睛，然后用一种天真的声音告诉我"我好郁闷哦"的样子；我喜欢你的谈到未来时扬起嘴角的微笑，那种很干净、很简单的笑容。（鼓掌）

蒋慧芳：我喜欢你"弱不禁风"的纤纤细腰，使我有了一种想保护你的冲动。（师生笑）

李芬芳：我喜欢你浓密得像一顶草帽似的短发；（师生笑）我喜欢你走路、写字、谈天时的各种淑女式的姿势；我喜欢你怪调的、滑稽的口气，还有课堂上时而喷发的热情。

葛莹莹：我喜欢你的一分娇情、两分秀气、三分忧郁、四分毅力、五分成熟、六分开朗、七分直爽、八分胆色、九分豪气、十分真诚。（鼓掌）

…………

师：好了，或许是动感情了吧，大家把同桌写得那么的有滋有味，其实喜欢一个人是说不完的。一个人就是一个世界，只有敞开了自己的世界，我们才真正拥有了整个世界。况且，我们大家相处只有一年光景，以后的路还长着呢！时间关系，下面就写一句话送给我们班上你最喜欢的人。不过，有个要求，我想大家也不愿再听到什么一帆风顺、万事如意、寿比南山之类的话了吧。（生笑）

（下课铃响）

师：时间过得可真快啊。……那么，就把这个当作业吧。课后请你把那句写好的祝福语送给他（她），好吗？

生：好！（下课）

课后收集，摘录一部分如下。

陈文娟：笑容是你永远阳光的象征，愿你"阳光总是灿烂"的！（送给任三册）

徐　鑫：旅行是一种回忆，回忆其实也是一种旅行，愿你永远不要忘记我和你的旅行。（送给叶峰）

王建伟：你们是最大的暴雨过后，留下最美的彩虹！（送给全班同学）（上课时，外面刚好有一场大暴雨）

余慧萍：坚持自己，张扬个性，活出属于你自己的精彩！（送给金晶）

赵广荣：希望你把对游戏的专注，对足球的热情，对动漫的喜

爱,凝缩成无敌的力量,在学习上打出一片自己的天地。(送给陈伟刚)

冯建敏:喜欢一个人的最高境界,并不在于得到,而在于成全。希望你过得幸福,比我幸福!(送给沈李)

陈麒麟:希望你多笑笑,使你的肚子变得足够小;希望你多学华莱士,使你抢篮板的功夫足够好。(送给章金良)

课后随想:

这堂课里始终充满着笑声与掌声,我想大家的心情一定是愉悦的、快乐的,同样欢乐着的当然也包括我。在这样的氛围中,学生可以放飞自己的心灵,寻觅曾经的回忆,在自由的天空里做一番翱翔。得到同桌发自内心的、真诚的赞许和同学们热情的掌声,课堂上还有什么能比这个更幸福、更甜蜜的呢?或许在快乐中学,在轻松的环境中得到情感的释放,就是这堂课不经意的收获之一吧。

从同学们写出来的话语来看,大部分同学的表述能够不落俗套,注重个性化的表达。大家开怀的笑声足以肯定同学描述得惟妙惟肖,这其实说明了我们的学生已经初步具备了"讲话"的技巧,况且,有些同学是十分讲究言语形式的,如骈散结合的句式,比喻、夸张等修辞的自觉运用,有的甚至考虑到了句末文字的押韵。如果从语言表达的角度来看这堂课,应该说大家是在不经意中得到了一次语言表达与运用的训练。

其实,不管学生讲得如何巧舌如簧,打动人的还是言语的内容。学生从自己的体验出发,极力地搜索同桌的亮点,在生活素材中提炼富有表现力的材料,他(她)让同学们意会到的或者感受到的,恰恰就是与要表述对象一起的生活片段在大家脑海中的复活。于是,大家的心灵与心灵产生了共鸣,在刹那间获得了视界的融合,最后外化为热情的鼓励和无邪的笑容。所以,如果换一种说法,这堂课让学生在不经意间达到了体验与体验的交汇。情感与情感的相通。

当然,这堂课也给我留下了不少的思考。假如我对学生写赠言这一事情视而不见,可能我们也就没有了上述的情景,而在大多数情况下,我们是带着教案去完成既定的课程的。如果碰到类似的情景,教师该怎么办?不经意中生成这样一堂课,教学的目标当然就是隐含的了,能够在隐含中达到预期的教学效果,那是最好不过的了。但是,大多的课堂是有明确目标的,师生共同奔向目标,效果也很好。因此,教学目标的明示与否,到底孰优孰劣呢?

获浙江省2004年中学语文教学案例评比二等奖,2004年12月

用"语文"来说话

——中学语文教材中鲁迅作品教学例论

朱光潜在谈到文学与语言的关系时,有这么一段耐人寻味的话:"从前我看文学作品,摄引注意力的是一般人所说的内容。如果它所写的思想或情境本身引人入胜,我便觉得它好,根本不很注意到它的语言文字如何。反正语文是过河的桥,过了河,桥的好坏就可不用管了。近年来我的习惯几已完全改过。一篇文学作品到了手,我第一步就留心它的语文。如果它在这方面有毛病,我对它的情感就冷淡了好些。我并非要求美丽的辞藻,存心装饰的文章甚至使我嫌恶;我所要求的是语文的精确妥帖,心里所要说的与手里所写出来的完全一致不含糊,也不夸张,最适当的字句安排在最适当的位置。那一句话只有那一个说法,稍加增减更动,便不是那么一回事。语文做到这个地步,我对作者便有绝对的信心。"[1]朱先生所说的"语文"表面上是指语言文字,实际上指的是语言文字的运用及其结果。换句话说,他注意的是作者如何运用语言,即注意到了作品的言语形式。

基于对鲁迅作品蕴含深刻的思想内核的把握,在课堂上学习鲁迅作品时,我们往往会直奔思想主题而去,也往往不去很好地关注"桥的好坏"。其实,美好的"风景"恰恰在"桥"上,而且正是通过这座"桥",我们才能走向作品的深处。且看下面这个例子:

"不是年青的为年老的写记念,而在这三十年中,却使我目睹许多青年的血,层层淤积起来,将我埋得不能呼吸,我只能用这样的笔墨,写几句文章,算是从泥土中挖一个小孔,自己延口残喘,这是怎样的世界呢。"(《为了忘却的记念》)

文中的"埋"字在原稿中本写作"闷",后来又改成"淹",最后才改定为"埋"。显而易见,这是鲁迅先生运用语文的"精确妥帖",将"最适当的字句安排在最适当的位置"。作者的愤怒之情、压抑之态全从这一个"埋"字中见出。

我们在阅读和教学鲁迅作品时,如果能够通过对比的方式注意到作者用词的"精确妥帖",也就找到了走进鲁迅作品的大门。鲁迅先生也曾说:"凡是已有定评的大作家,他的作品,全部就说明着'应该怎样写'。只是读者很不容易看出,也就不能领悟。因为在学习者一方面,是必须知道了'不应该那么写',这才会明白原来'应该这么写'的……'这确是极有益处的学习法。"(《且介亭杂文二集·不应该那么写》)而鲁迅先生自己的作品正好全部说明着"应该怎样写"。

接下来,我们就以现行教材中的鲁迅作品为例,分两个方面来说说作者如何运用语文的"精确妥帖",并以此来培养自己对语言运用的自觉关注意识,从而提高语文水平。

一、词语的巧妙变异

鲁迅是语言艺术大师。他笔下的语言,常常打破常规,运用语言的巧妙变异,创造出一种别具一格的语言,给读者留下独特的感觉,从而使读者获得非凡的艺术享受。

1. 造词寓意

从鲁迅作品中，我们可以看到作者为了适应具体语言环境的表达需要，灵活运用汉语传统的语义造词法，临时造词寓意，收到特有的表达效果。如：

"旧历的年底毕竟最像年底，村镇上不必说，就在天空中也显出将到新年的气象来。灰白色的沉重的晚云中间时时发出闪光，接着一声钝响，是送灶的爆竹；近处燃放的可就更强烈了，震耳的大音还没有息，空气里已经散满了幽微的火药香。"（《祝福》）

文中有"钝响"一词，但在现代汉语词汇中是不存在的。这是作者运用传统的语义造词法，将"钝"（不锋利；不灵活）临时跟"响"这个词素组成一个新词。在阅读或者教学的过程中，我们可以用"闷响""暗响""低响"等词与"钝响"进行比较，通过比较，我们会发现要恰切地形容当时鲁镇过年送灶的爆竹声，非"钝响"莫属，其他词语不符合作者在这里所要渲染的沉闷气氛。我们能感受得到，这个词实在有"稍加增减更动，便不是那么一回事"的"妥帖"。

2. 活用词类

形容词当动词用这方面的例子，在鲁迅作品中很多。如初中阶段我们学过的《社戏》这篇小说中，有"月色便朦胧在这水气里"的特殊用法。句中的"朦胧"一词使我们感到意境清新，很有情趣，我们能够体会到这十分吻合孩子们划船去看社戏的欢乐心情。如果刻板地按照形容词的习惯用法，改成"月色在这水气里很朦胧"，那么原文所要表达的意境和情趣便荡然无存了。更为奇特的是，在同一文中写到看戏时的拥挤情景，作者来了这样一段精彩的描写：

我同时便机械的拧转身子，用力往外只一挤，觉得背后便已满满的，大约那弹性的胖绅士早在我的空处胖开了他的右半身了。

"胖"是形容词；"胖开了"这种形容词动化的用法在现代文中很少见。在阅读或者教学过程中，我们可以用"张开""摊开""展开"或"挤进"等动词做一番对照。显然，在戏场那十分拥挤的氛围中，特别是被那个胖绅士挤得十分难受的情况下，用"胖开"比上述任何一个动词都显得更形象，且"胖开"幽默地表现出那被"挤小"了的胖绅士乘隙而入的生动情景，同时也更真切地写出"我"当时被挤压的特殊感受。

3. 巧用数词

为求语言的新鲜活泼，鲁迅故意"依葫芦画瓢"，根据文意顺势带出一些新词。如由"闭关主义"顺势带出"送去主义""拿来主义"。而数词的妙用，更见鲁迅用词的灵活多变。如《阿Q正传》这篇小说中，当写到"穷极无聊"的阿Q在小尼姑面前取得胜利，博得酒店里"那些鉴赏家"的喝彩以后，他早把在王胡、假洋鬼子面前所受的晦气忘却了，作者紧接着写下两句：

"哈哈哈！"阿Q十分得意的笑。
"哈哈哈！"酒店里的人也九分得意的笑。

在初读时，我们似乎会认为这里的"九分"稍逊于"十分"，程度有减轻之嫌。可是，当我们细细地品味，还是可以感受到在这里的"九分得意"依然是为了说明酒店里的人"很得意"，会慢慢地体会到其实两者都是为了表现阿Q主义：阿Q挨了强者（王胡和假洋鬼子）的打，却向弱者（小尼姑）寻报复，并发出"十分得意的笑"，这充分暴露了阿Q的性格弱点；酒店里的人以"鉴赏"这种恶作剧为快。这更暴露了阿Q主义的病毒已蔓延到了当时社会各阶层,渗透到了他们生活的每一个细节当中。因此,不管是"十分得意的笑",还是"九分得意的笑",都一样是为"揭出"国民精神的"病苦",以期"引起疗救的注意"。作者变化数词却表达一样的"得意",便给我们以耳目一新之感。同时,作者这样处理也给自己提供写作方面的一些有益的借鉴。

4. 改用成语

为文学形象创造的需要,鲁迅对成语有创造性的使用。他这么做既是为了充分利用成语约定俗成的文化内涵,同时又通过突破汉语既定的规范,从而创造出鲜活的艺术生命。如《孔乙己》中有一段关于孔乙己的描写:

听人家背地里谈论,孔乙己原来也读过书,但终于没有进学,又不会营生;于是愈过愈穷,弄到将要讨饭了。幸而写得一笔好字,便替人家钞钞书,换一碗饭吃。可惜他又有一样坏脾气,便是好喝懒做。

看到"好喝懒做",我们马上能够想到成语"好吃懒做"。但作者为什么不用现成的"好吃懒做",却要改用"好喝懒做"?"喝"与"吃",仅一字之易,有什么好处?我们在阅读中马上会产生这样的疑问。我们通过对比咀嚼品味,显然能够悟到,就是这个"喝"字,把一个穷困潦倒,沉溺于酒,自尊自大的孔乙己的形象活脱脱地呈现在了读者的眼前。因此,我们也就明白了正因为这个"喝"的动作,孔乙己给人留下最为深刻的印象;也正是这个"喝"字,描摹出了最为贴近孔乙己的行为;也正是这个"喝"字,渲染出了全篇的环境以及氛围。由此,我们从大师的语言运用中也就学到了在如何运用词语时做一番"字斟句酌"。

二、标点的灵活运用

标点是一种特殊的语言。"鲁迅先生在创作实践中运用标点符号和其他符号,从来不把它们作为游离于作品之外的附属物、装饰品,而总是把它们作为作品语言的有机组成部分,把它们作为塑造人物、表现人物性格的有力手段。"[2] 在鲁迅的作品中,有时标点甚至超出了语言的功能。而在阅读与写作的实际中,却没有多少学生会去关注标点符号,更不会去斟酌标点符号的运用了。其实,对标点符号运用的自觉关注更能反映出一个人的语文修养。下面还是以鲁迅作品为例,具体分析他是怎样运用标点符号的。

1. 突出重点,寄寓深意

我们知道,逗号的停顿,一般出于换气或标明句子内部结构层次的需要。但在鲁迅作品中,有时会遇到在结构上并不需要隔开、声音上并不需要停顿换气的情况下而加上逗号的特殊用法。如《记念刘和珍君》一文中:

我没有亲见;听说,她,刘和珍君,那时是欣然前往的。自然,请愿而已,稍有人心者,谁也不会料到有这样的罗网。

这里是写刘和珍遇难的经过,其中"听说,她,刘和珍君,那时是欣然前往的",一连用了三个逗号。我们是不是可以做这样的思考:作者为什么要用这三个逗号将一个一个的词或词组隔开来呢?如果去掉这三个逗号,效果会怎样?我们完全可以一口气念完,这会使句子结构显得更为紧凑。然而,通过朗读比较,我们可以体会到作者这样处理是为了表达独特的感情,三个逗号是作者故意而为之的。这一字一顿,是对刘和珍的飒爽英姿的勾画,寄寓了作者对她的热情的赞美和讴歌。也正是这一字一顿,恰切地传达出了作者的痛心疾首,表达了作者对反动政府的深恶痛绝。由此可见，这里作者对逗号的处理，是在故意稍停之中，寓以浓重的感情和深刻的含意。

2. 刻画心理，细致入微

对人物心理的刻画，鲁迅也十分注重综合运用标点来进行细腻的描摹。标点与文字的精妙配合，是鲁迅作品中的一朵奇葩。如《故乡》中当"我"的母亲提起了闰土时，"我"儿时的记忆忽而全都闪电似的苏生过来，"我"便回答道：

我应声说："这好极！他，——怎样？……"

这句话中，作者一连用了五种不同的标点。在阅读中，我们设想一下，假使把某几个标点去掉，变成"这好极！他怎样？"试读比较一下，会怎样？我们会体会到，后者只显示出"我"的急切与兴奋，而前者正是通过这五种截然不同的标点极为细腻而又富于层次地刻画出了"我"此时极为复杂的心理历程："！"表达出"我"即将与少年好友重逢的兴奋激动之情；"，"表达出"我"对闰土形象的短暂的猜想与复现；"——"表达的是"我"目睹故乡的破败不堪，生发出对闰土的一丝担忧；"？……"则展示了"我"急欲见闰土却又担心其命运的复杂心情。这里的每一个标点符号都蕴含着它独特的意义。正是通过这五个标点，鲁迅恰如其分地把"我"当时心中的波澜一步一步地展现在我们的面前。

3. 表达含蓄，意蕴幽远

有时鲁迅先生使用省略号，是表示想说而不能说。所以，他把要讲的话藏在省略号里，以表示对当时所处现实的无声控诉。在《为了忘却的记念》一文中，当作者写到"忽然得到一个可靠的消息，说柔石和其他二十三人已于二月七日夜或八日晨，在龙华警备司令部被枪毙了，他的身上中了十弹"时，悲痛与愤怒的感情再也抑制不住了，特另起一行重重地写下四个大字，并加上省略号：

原来如此！……

结合当时的语境，我们不难想象，这里的感叹号表示作者此时强烈的愤怒和无比的震惊，而其余的文字均由这个省略号代替。这两个标点包含了许多难以尽述的愤怒、仇恨和对死者的思念痛悼：反动派竟会如此的卑劣与凶残，柔石他们竟会遭到如此残酷的杀害，反动政府竟会如此对待无辜的青年！这种对反动派血腥罪行的愤慨与控诉，这种对死难的革命青年作家的悲痛与悼念，是难以用语言尽表的。这个省略号达到了"此时无声胜有声"的境界。

4. 描摹形象，形神兼备

有时鲁迅为了描摹出某种特殊的声音或特殊的形象，特别借用某些特殊的符号，以达到超出符号所能包含的意义之外的、更为丰富的意义。

"～～"，吕叔湘、朱德熙著《语法修辞讲话》称之为"浪线"，周振甫著《标点符号用法例解》称之为"曳引号"，也有人称之为"象声号"。鲁迅在作品中常常使用这个符号。如：

"啪，吧～～！"（《阿Q正传》）

例中的"～～"号描绘出响枪声划破深夜的寂静，分明使人感到不仅在未庄上空枪声余音不断，而且也在阿Q心里引起阵阵的波动。又如：

"铁如意，指挥倜傥，一座皆惊呢～～；金叵罗，颠倒淋漓噫，千杯未醉嗬～～……。"（《从百草园到三味书屋》）

这是写鲁迅的塾师寿镜吾先生读书的语调的。在阅读与教学中，

我们可以做一番想象，想象寿镜吾先生读书的情状：老塾师读书入神的摇头晃脑、心醉神迷的形态仿佛就在目前；寿老先生那颤颤巍巍、忽抑忽扬的念书声好像就在耳畔。而寿镜吾先生读书时声音的摇曳、颤动、抑扬、延长都是通过这个"～～"号的视觉性和动态感描摹出来的。如果用"——"来表达，那么读者的阅读体验也就"稍加增减更动，便不是那么一回事"了。可见，其他标点符号恐怕难以达到这样出色的艺术效果。

综观鲁迅的作品，诸如此类的语言运用的艺术，简直是俯拾皆是，而这恰恰也充分显示了语言大师运笔的独特惊人之处。在其他优美的文学作品中，我们同样也能够看到作者在语言运用中的良苦用心。因此，在走向作品深处的过程中，我们还是且慢站在"语文"这座桥上做一番欣赏，还是用"语文"来说话吧。语文学到这个地步，作者对我们有了信心，我们对自己也便有了绝对的信心。

注释

[1]朱光潜.谈美·谈文学[M].北京：人民文学出版社，1988：201.
[2]张向群.鲁迅语言中的非语言符号艺术[J].陕西师范大学学报（哲学社会科学版），1997（1）：78.

发表于《语文学刊》2004年02（第2期），第90-93页

因声求气

——《师说》教学的另一个角度

王荣生等专家认为，文言文阅读教学的着力点是"引导和帮助学生通过学习章法考究处、炼字炼句处具体把握作者所言志所载道"，以此来实现文言文教学的两大目标：阅读浅易文言文的能力和文化的传承与反思。找到这样的"章法考究处"和"炼字炼句处"，以对文言文所传达的古代贤士的情意与思想（"所言志所载道"）的领会为主线，带动语言文字的学习与享受，便是文言文阅读教学的旨归。

我们认为，《师说》一文的"章法考究处"和"炼字炼句处"在于作者娴熟运用的虚词中，特别是语气词的灵活运用。更加丰富了作者情感、态度和思想，从而让我们更加具体可感地感受作者在说理过程中情感的流露。文中判断句、陈述句、疑问句、感叹句等句式的巧妙运用与承转，增强了作品的论辩力度和表情达意的效果。其间语气词的运用效果也恰好成为形成和体现韩文风格的一个重要的因素。

一、文言文中虚词及语气词的语法意义和作用

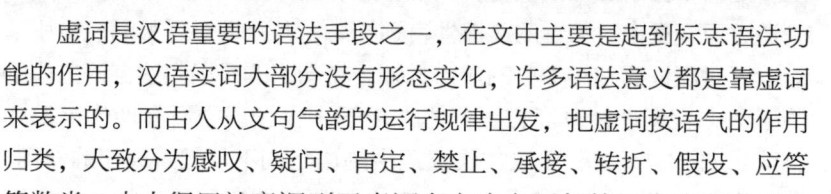

虚词是汉语重要的语法手段之一，在文中主要是起到标志语法功能的作用，汉语实词大部分没有形态变化，许多语法意义都是靠虚词来表示的。而古人从文句气韵的运行规律出发，把虚词按语气的作用归类，大致分为感叹、疑问、肯定、禁止、承接、转折、假设、应答等数类。古人很早就意识到了虚词在文中主要起的是表达文章"声气"和"精神"的作用，将虚词用在句中什么位置，取决于文章语气

和节奏的需要。我国古代文艺理论家和散文家从自己的创作实践或文艺评论的实践出发，深感虚词是为体现文章的精神，同时，文章的抑扬顿挫，气韵的顺畅与否，都与虚词的运用有关。

陆俭明指出，在任何语言里，虚词比实词少得多，但它在语言中起着"经络"作用，其重要性大大超出实词，虚词作为表示关系和语气的一类词，在语言表达过程中起着重要的作用。虚词用在句首和句末时，在形式方面的作用主要是离句，这一点，唐代刘知几在《史通》中便有所论及，用在句首和句末的虚词除了有离句的作用外，在内容上还表示说话人的情感和态度；句中虚词主要是为了使韵律和谐，大部分起"足音"的作用。总之，虚词不论被用在句中什么位置，都是文章语气和节奏的表达需要。

写东西是要动感情的，感情付诸文字，但囿于文字的局限，感情必然会消减。那么用什么方式来增强感情呢？主要有两种方式：一是潜藏在实词内部的联想意义，二便是用虚词在语音方面进行弥补。当一个实词富含了丰富的联想意义时，为了强化这个词的联想意义，必然要用语音停顿作为标识，使其成为语义的焦点。这类似于绘画中的"计白当黑"，这种以虚显实、注重意境的审美是中国艺术气韵生动的根本精神。

在语音上，虚词都是比较响亮的"洪音"。而这样的"洪音"具有较高的审美感受，具有较强的情感表现力，因此，从语言第一性角度来说，虚词的产生跟语气、韵律和美感具有必然的联系。

同样道理，同一个语气词在不同的位置有不同的用法：在句首的主要是为了提示后文的议论，阐述叙述者的主体情感；在句中的是指制造虚灵、空白、节奏的连接性言语标志，并且通过延长语气，引起阅读者对虚词后叙述中心的焦点觉知；在句末的是指表达言语主体的情感、态度和理性判断言语标志。由于古代汉语中没有现代汉语如此成熟的标点系统，所以古代汉语中的语气词不仅起着离句的作用，而且还承载着作者情感、态度以及文章气韵等语用层面的含义。语气词主要用在句末，如"也""哉""矣""与""焉""乎"，用在句中的如"也""焉""乎",少部分用在句子的开头,如"夫""盖""其"等。

语气词主要是平声和上声,较少有入声字。这主要是因为"平声哀而安,上声厉而举",声音较为响亮并且气息舒展而不局促。同时,我们可以看出语气词大部分是人们在说话时易于脱口而出的自然之音,这样的声音一方面乐感较强,另一方面符合语言的"经济原则"。虚词中的语气词大都含有元音[a],这使得语气词特别响亮,从而增强了文句的响度。语气词响度的增加可以延长语气,便于作者抒发情感,同时也能够唤起读者的注意,让人产生回味悠长的文气感。

文言文中存在着大量的语气词,而现代汉语中语气词的数量远远少于文言文,主要是因为文言文中没有现代汉语如此成熟的标点符号系统,现代汉语的标点系统弥补了文字中缺失的语气、节奏、韵律和情感。而在文言文中,句子的停顿,语气的抑扬顿挫,就只能依靠语气词。因此,在文言文教学中很多人注意到了文章的乐感,强调在中国古文化的传承和"文"的熏陶下,让学生进行大量的诵读,不仅要求读顺、读懂,而且要求读出感情,读出感悟,以此来获取古文"言"的知识和方法。为此,文言文的教学,诵读应该是重中之重,语气词的虚灵、用法灵活而且本身就与音乐有着密切的联系,唯有通过诵读,才能体会其最真的意义。

二、《师说》中语气词的语法意义及其作用

文章共四段。我们先说第一段。第一段中有语气词的句子主要有四句。

(1)师者,所以传道受业解惑也。

这是一个判断句,从三个方面明确了教师的职能和作用。接下

来作者并未论述"为何"教师的职能该如此,也没有展开论证教师要"如何"履行这三大职能。只是很自然地承接上句的意思,旗帜鲜明地表明了为师之职能自古而然。我们发现,"……者……也"这种判断句式的运用,除了有帮助表示解说、做出判断的作用外,还有一份肯定性的庄重与坚定蕴含在其中。所以说,判断句实际上就是陈述者对陈述对象的进一步阐释,以求达到强调、肯定的目的,其核心是强调陈述者的主观态度,从而凸显句子的语气。这种判断句,纵观全文,仅此一句,依此可见韩愈态度之坚决、口气之毋庸置疑。

(2)惑而不从师,其为惑也,终不解矣。

上句说的"人非生而知之者,孰能无惑",表明了人皆有惑,隐含着一个明确的意思,那就是要"解惑",也要"从师"。这句从反面提出,如果不"从师","惑终不能解"。语气词句中的"也"和句末的"矣"连用,强调了不从师的严重后果。这里的"也"用在前半句的末了,表示停顿,以舒缓语气,目的是强调后半句对前半句的解说。后半句用"矣"来作结,表达十分肯定的语气,表露出作者的无奈与惋惜。

(3)吾师道也,夫庸知其年之先后生于吾乎?

接着写到"生乎吾前,其闻道也固先乎吾,吾从而师之;生乎吾后,其闻道也亦先乎吾,吾从而师之"。正面提出"有道则师之"的观点。本句先是肯定"以道为师",一个"也"字是对陈述语气的明证,后半部分用反问的句式明确"以道为师"是不管对方年龄大小的。"夫"是完全发语词,放在动词(或动词性词组)和形容词(或形容词词组)之前,起辅助作用,帮助引发议论或提起话题。很显然,此句意在强调"从师不在于年龄"。句末的"乎",《说文解字》

中解释为"像声上扬之形也",其本义为"呼叫"之意,用在句尾表示疑问、推测和感叹语气,这里可以释为"呢",为感叹语气。从整个句子来看,作者要申明的是:从师在道,不关乎年龄!

(4)是故无贵无贱,无长无少,道之所存,师之所存也。

这是一个结论性的表达。"也"用在句末,表示肯定语气。总结明确一个道理:无论年龄和地位,自古以来,道在师在。

我们看第二段。第二段中有语气词的句子比较多,共七句。

(1)嗟乎!师道之不传也久矣!欲人之无惑也难矣!

韩愈在第二段中针砭时弊,以一声长叹"嗟乎"起笔,表达对当时社会不良的求学风气的叹息。"也"为句中语气词,表示语气停顿,用在前半句的末了,表示停顿,用以舒缓语气,引起后半句对前半句的解说,对后半句有强调作用。后半句用"矣"来作结,表达十分肯定的语气,隐含着作者对当时从师学习的不良风气习染已久的痛惜和旗帜鲜明的反对态度。

紧接着的一句,作者用同样的句式、同样的语气从反面提出解惑从师的必要性和迫切性,可谓语重心长。在直抒胸中块垒之后,作者顺理成章地引出三个方面的对比,论证"师道之不传"的严重社会危害。

(2)古之圣人,其出人也远矣,犹且从师而问焉;今之众人,其下圣人也亦远矣,而耻学于师。

这里用"古之圣人从师而问"和"今之众人耻学于师"进行对比。两个句子的前半部分都用"……也……矣"的结构用以强调

"远",而后半部分有所区别:前句中,"焉"用在句尾,表示肯定的语气,相当于"呢",与"犹且"相呼应,强调了"古之圣人从师而问"的良好风尚;后句没有运用语气词,语调显得冷落,表现反感的态度。作者对"古之圣人"和"今之众人"的褒贬之意十分鲜明。

(3)圣人之所以为圣,愚人之所以为愚,其皆出于此乎?

这句中的"其",表示估计、推测的语气,可译为"大概",是对"出于此"的推断。句末的"乎"也表示测度的语气,可译为"吧",与"其"呼应,加强了这一推测的语气。整个句子以对比、反问归结,推导出结论:是否尊师重道是区分"圣"与"愚"的关键之所在!

(4)爱其子,择师而教之;于其身也,则耻师焉,惑矣。

这句是用爱自己的孩子,选择优秀的教师跟随老师学习和自己学习却以从师为耻进行对比。前后的语气迥然不同。表示停顿的语气词"也"和表示肯定的语气词"焉"强调了对后一种现象的否定。最后用"惑矣"来作结,总结其糊涂的行为,"矣"字表达出作者十分肯定的语气。

(5)吾未见其明也。

"也"在这里表示肯定的语气,再次强调了"小学而大遗"的糊涂。

（6）呜呼！师道之不复可知矣。

在将民间巫医、乐师、百工之人以向老师学习提高医术、技法为荣和士大夫之族向老师学习，教师地位低则蒙羞，教师官位高则有阿谀奉迎之嫌做对比之后，作者又以一声长叹"呜呼"起笔，表达出作者对前文崇尚的"古道"在今之"时俗"里荡然无存的悲叹。同样，这也是与"嗟乎！师道之不传也久矣！欲人之无惑也难矣！"的前后照应，作者用如此触目惊心的哀叹来表达其痛心疾首。"师道之不复可知矣"中间略去一个"也"字，语势不做停顿，语意一泻而下，感情喷薄而出，"矣"加强了肯定的语气。

（7）今其智乃反不能及，其可怪也欤！

"其可怪也欤"解释为"难道值得奇怪吗"，是一个反问句。意思是说因为不愿学于师，士大夫之智不及"巫医、乐师、百工之人"，是再自然不过的事情，有其因则必有其果，不值得奇怪。句中"其"是语气词，表示反问语气，相当于现代汉语的"难道"。"欤"是句末语气词，相当于"吗"。"也欤"连用，加强了反问语气，加强了对"君子们"的深刻讽刺，作者的鄙夷和嘲讽的语气跃然纸上。

第二段通过正反对比抨击不良的社会从师风气，揭示错误的从师态度，语气词的运用较多，情感也最外显，作者愤世嫉俗的形象如在眼前。

于是第三段举圣人孔子为例，提出"圣人无常师"，由圣人谦虚从师的事迹，提出"道在师在""以有道者为师"的主张。作者认为学生不一定不如教师，教师不一定比学生贤能。教师不过是比学生年长，先于学生学习和领悟知识，在某个领域具有专长而已，所以末尾用了——"如是而已"。这里的"而已"，用在陈述句末，表示限止语气,相当于"罢了",对句意起冲淡的作用。

第四段交代写作本文的缘由,因"李蟠好古文,不拘于时,能行古道",因此有感而发,故作《师说》以阐明自己"尊师重道"教学主张,总结全文主旨,点明主题。其间不着一个语气词,显得更加冷峻与淡定,与前文迥然有异。

总的来说,文章开篇作者用不容争辩的口吻,提出"古之学者必有师",从历史角度追古抚今,高屋建瓴地概括出"师者,所以传道受业解惑也",明确指出"传道""受业""解惑"三者间的关系。句子大多用判断、陈述、肯定和感叹的语气,理性色彩较为浓重。接着作者针对时下"师道之不传也久矣"的从师弊端进行谴责,紧扣"古今""大小""贵贱"进行讽喻式对比,抨击"今愚"者的耻师行径。三组对比,气势雄浑,不容置疑。句子大多运用感叹、推测、肯定和反问等语气,感情色彩浓烈。再下面一节,作者正面举出古之圣人孔子从师典范,以孔子身教言传的例子,倡导平等的师生观,多运用陈述句式,语意冷峻。最后一节由"李蟠求学",引出为文目的"尊师重教,复兴儒道",客观陈述,义正词严,不着一个语气词,旗帜鲜明,充满理性。

三、我对《师说》教学的设计

《师说》教学,我计划安排三课时。第一课时是诵读感知、疏通文意,初步把握文章内容。第二课时是品读句子的语气,读出韩文气势磅礴、感情丰富的特点,"玩味"作者蕴含的感情。第三课时是归纳文中实词、通假字、古今异义字和词类活用等意义及用法,赏鉴韩文"情理合一"的艺术特色。

本文要展开的是第二课时的设计。

诵读是心、眼、口、耳并用的学习方式,可以让学生在感知言语声音、形态的同时,实现对文本的感悟理解,其要义是"得他滋味"

（朱熹）。第二课时的设计主要是通过不同形式的诵读，"沉潜讽咏，玩味义理，咀嚼滋味"。运用删减、位置比照、换增语气词的方法，经由学生诵读比较和交流"因词求气"，揣摩韩文句式灵活多变、文笔流畅而有气势的特点，从而感悟作者情理合一的表现艺术。

第二课时大致教学环节如下：

台阶一：读出"毋庸置疑"

投影出示第一段删减部分语气词的文字。个别学生诵读，比较它与原文之间的差异，师生共同归纳判断、陈述、反问、肯定句式的语气特点及作用。

师所以传道受业解惑　　师者，所以传道受业解惑也。（判断语气）

惑而不从师，其为惑终不解　　惑而不从师，其为惑也，终不解矣。（陈述语气）

吾师道庸知其年之先后生于吾　　吾师道也，夫庸知其年之先后生于吾乎？（反问语气）

是故无贵无贱无长无少道之所存师之所存　　是故无贵无贱，无长无少，道之所存，师之所存也。（肯定语气）

台阶二：读出"磅礴气势"

投影出示第二段的三组句子，比照语气词在不同位置的存现状态。采用小组或集体诵读方式，让学生比较每组两者之间的差异，归纳出语气词使句子更加肯定的特点。这段文字中作者的感情是比较显见和外露的，而且作者要抒发的愤懑之情是有梯度的。所以，师生在诵读时要体会作者由较为平静的叹息到怨愤再到最后的痛惜的情感变化过程。

①嗟乎！师道之不传也久矣！欲人之无惑也难矣！
　呜呼！师道之不复可知矣。（更肯定）

②古之圣人，其出人也远矣，犹且从师而问焉；（更肯定）
今之众人，其下圣人也亦远矣，而耻学于师。
③爱其子，择师而教之；
于其身也，则耻师焉，惑矣。（更肯定）

台阶三：读出"义正词严"

投影出示第三、第四两段中的两组句子。把第三段末句的"而已"换成"矣"，第四段末句加个"也"。通过诵读比较，学生可以感受作者不畏流俗、不惧嘲弄，"抗颜而为师"的凛然正气，同时也感受作者对像李蟠一样"能行古道"的青年后学的鼓励和意欲保护后学免遭伤害的那份冷峻。

①如是而已。（限止语气）
如是矣。
②余嘉其能行古道，作《师说》以贻之。
余嘉其能行古道，作《师说》以贻之（也）。

投影出示《答胡生书》节选，介绍作者行文简洁、多用短句的原因。

夫别是非，分贤与不肖，公卿贵位者之任也，愈不敢有意于是。如生之徒，于我厚者，知其贤，时或道之，于生未有益也。不知者乃用是为谤！不敢自爱，惧生之无益而有伤也，如之何？

——韩愈《答胡生书》

参考文献

[1]王荣生，宋冬生.语文学科知识与教学能力[M].北京：高等教育出版社，2011.
[2]刘斓升.中学语文文言虚词教学研究[D].四川：四川师范大学，2012.
[3]郭庆林.发语词"夫"另说[J].古籍整理研究学刊，2008（3）：79-80.

发表于《中学语文》2015年04（第10期），第19-22页

第四辑
写作应用

统编教材必修上册第一单元写作导引

微型写作学习任务——诗歌欣赏札记

一、写作任务阐释

文体解说

　　札记是指读书时摘记要点、心得或随时记录所闻所见的一种文体。古时称小木简为札,将文字记在札上,称为札记。札记的题材涉及较广,有学习札记、读书札记、心情札记、随访札记等。札记行文自由,可摘录、评论、抒情、随想;风格简朴精要,不雕饰;篇幅不限,长短皆宜;样式灵活,不拘一格。

　　在本单元中所谈的札记专指诗歌欣赏札记。诗歌欣赏札记是作者在反复诵读诗歌的基础上,对诗歌的意象、诗歌的语言、结构安排、节奏处理、表达技巧和意蕴情感等方面进行揣摩、分析与探究,所形成的自己独特的感受与思考。一般字数较少,为片段式文字或小短文。

写作要求

诗歌欣赏札记的写作应注意以下几个方面。

1. 反复诵读，形成感悟

新诗因其意象新颖、语言变异、形式自由、节奏跳跃等特点，需要我们将自身投入诗境之中，反复诵读，吟哦揣摩，借助于知人论世，尝试"我"与诗歌之中的"人"的对话，从而形成自己独特的感悟，进而发现"自我"，生发独特的思考，达到"心有意而欲言觅词"的状态。

2. 围绕意象，紧扣语言

受"五四"新文化运动的影响，新诗的意象既传承了中国古典传统的因子，又包含着西方外来的因素，是一种东西方交融的新形象。并且这个形象的背后更能看到"人"本身。在写作的时候，诗歌欣赏者要紧紧扣住诗歌的语言特点，结合自己的感悟与思考，去发现意象丰富的内涵。

3. 选好角度，表达简洁

意象的呈现方式、语言节奏的运用、情感意蕴的表达等都可以作为欣赏的切入点，但写作诗歌欣赏札记时，诗歌欣赏者无法做到面面俱到，所以，札记的角度要集中、深入，表述要概括、简洁，不拖沓冗长，尽量做到言简意丰、不枝不蔓。

示例引路

"烛"原本只是一种普通物象，而成为古典诗歌描写对象后，经历代积淀，就被赋予特定的含义。"红烛"在唐诗、宋词、元曲里别有一番意味，有喜庆、热情的色彩，也有赤诚之意。这温柔之光，抚摸了多少歌台舞榭，演绎出多少温香暖腻的情事！在唐诗里，"烛"化名"蜡炬"，常常参与宴饮离别、爱情思念；在宋词中，"烛"多半卷入缱绻柔情、往昔追忆或甜蜜温馨氛围之中。

  而闻一多《红烛》中"红烛"形象独树一帜。他首先关注了"红"的颜色，并且用诗人"吐出"的"心"作比，来表达赤诚之心。接着在责问中，诗人显示"红烛"这样的身躯和灵魂燃烧自己的意义，坚定了自己的信念。然后，诗人歌颂"红烛"的责任：烧破世人的空想，烧掉残酷的监狱，燃烧救出一个个活着但不自由的灵魂。即使受到风的阻挠，"红烛"流着泪也要燃烧。末尾诗人说"莫问收获，但问耕耘"，既是在与"红烛"交流，更是在"红烛"身上找到了生活方向，即实干、坚毅地为自己的理想努力，甚至牺牲。从全诗来看，诗人是将自己与"红烛"合二为一，尽管是"流一滴泪，灰一分心"，即使是"蜡炬成灰泪始干"，也在所不惜，寄寓了诗人献身于祖国的伟大抱负。

  这则札记紧紧扣住"红烛"意象，先对其传统的意味作了简单的梳理，概括出了不同诗体中一般意义上的内涵。欣赏者再结合《红烛》这首诗的具体形象，从诗歌的开头切入，对诗歌中展现的"红烛"意象进行层层分析。中间部分对红烛的歌颂角度及内容进行了精要的提炼，特别是对诗歌最后部分的探究，结合了诗人本身的因素，将意象和其背后的情思糅合在一起。这则诗歌欣赏札记不仅仅关注到了意象的特点，更关注到了"人"的存在。札记语言简洁，表述清晰，对象集中，概括精当。

二、写作任务

任务呈现

  五首诗歌风格各异，但诗人都运用意象来表达自己的情思。任选一首，想一想：诗中运用了哪些意象？这些意象有怎样的特点？激发了你怎样的情思？如何通过意象来欣赏诗歌？记录一下你的思考，写一则札记。

统编教材必修上册第一单元"单元学习任务"二.1

  这个学习任务要求同学们对本单元的《沁园春·长沙》《立在地球边上放号》《红烛》《峨日朵雪峰之侧》《致云雀》五首诗歌在反复诵读的基础上，围绕"意象"来揣摩作品的意蕴和情感。你可以选择其中自己最有感触的一首展开探究，找出诗歌中的意象，感受这些意象营造出的意境，揣摩作者的情思，从而激发"自我"的感悟和思考。在找出诗歌中的意象之后，通过文本细读、查阅资料、比较鉴别和诵读体悟等方法对诗歌意象进行归类、整理、分析，特别是要结合语境，发现情思附着在意象上的独特方式，深入探究诗歌的情感和思想，形成自己独特的欣赏通道和方法，最终完成一则札记。

学生例文

  在古典诗文里，"秋"常常被用来传达离别的孤寂、凋零的落寞、宦愁羁旅的痛苦、年华易逝的感伤……写秋而写得色彩绚烂、朝气蓬勃的，古往今来，寥寥可数。毛泽东的《沁园春·长沙》气象阔大、境界高远，堪称绝唱。同是写秋，为何毛泽东笔下的秋景能独标高格、独领风骚？答曰：时，地，人也。

  青年毛泽东站在橘子洲头，看到了什么？红遍万山的树叶，清澈见底的湘江水，很多船……他看到的是一派生机勃勃的湘江秋景。诗人具体描绘了山（林）、江（舸）、天（鹰）、水（鱼），还有自然界的万物。"红"写出了"红"之广，红得全面；"漫"绘出了江水溢满之状；"透"写出了绿的程度、色彩的浓艳和神韵，绿得彻底；"击"摹写出雄鹰一飞冲天、搏击风雨的矫健有力；"翔"本是鸟的飞翔，词中却展现鱼在水里的自由自在，活现了游鱼的轻快自如；最后那个"竞"字点出了千帆竞流、万类勃发的热闹场面。这七句远近相间、动静结合。由此作者想到万物如此，人为何不可，为之"怅寥廓"。这激起了作者的青春激情。于是他如屈原"天问"般发出了"问苍茫大地，谁主沉浮"的感叹，道出了自己的雄心壮志、忧国忧民以及心系天下的博大胸怀。

绍兴市高级中学高一（14）班　祝绮

佳作点评

这则札记围绕湘江秋景，概括了词中自然万物"阔大""高远"的特点，并结合作者及时代，揭示出青年毛泽东的雄心和胸怀。札记首先从古典之"秋"谈起，运用对比和设问，彰显本词的高格。札记主体部分由概括到具体、由面到点、由景而情，作者全面而深入地分析了青年毛泽东站在橘子洲头看到的特别景象，并发散移情，用屈原类比，身临其境般揣摩诗人的情怀。札记欣赏思路清晰，详略处理得当，手法运用自如，语言表达精练。

大作文写作——学写诗歌

一、写作任务阐释

文体解说

　　这里的诗歌，特指新诗，即产生于中国"五四"运动前后，在现代白话文基础上，打破传统诗词格律的束缚，旨在表现新时代内容，形式上灵活自由的一种诗歌样式。

　　我们在学写诗歌前，要清楚新诗以下四个特点：一是审美的独特性。新诗是"五四"新文化运动的产物，诗人们将目光聚焦于"人"本身，追求个性的独立和自我的觉醒。二是意象的新颖性。在中外意象的双重影响下，新诗的意象具有传承和创新的特点。它既不是对传统意象的完全传承，也不是纯粹的"拿来主义"，而是在两者融合的基础上的新形象。三是语言的变异性。新诗的语言打破了日常语言的逻辑，具有颠覆性和反常性的特点，诗人们或运用反讽、象征，或颠倒语序，使用冷僻词等来凸显语言的张力。四是节奏的跳跃性。相对于传统诗歌，新诗的形式更自由，诗人们在押韵、音节停顿、诗句的分行等方面都有不同的探索。

写作要求

我们在学写诗歌时，要掌握以下三个要点：情感、意象和韵律。

一要激活诗情，先定调。我们可以从"社会""自然"和"自我"三个角度去寻找诗情。首先，从社会中寻找。要准确把握时代的脉搏，深入体会时代精神。如《沁园春·长沙》作于反帝反封建斗争风起云涌、工农运动蓬勃发展的时代，诗中充满了青春时代的毛泽东炽热的情感和豪迈的气概。其次，从自然中寻找。大自然丰富多彩、有声有色、有形有相，蕴含着无限的诗意。如闻一多借"红烛"寄托奉献精神和青春理想，昌耀赋予"峨日朵雪峰"以谦卑和生命力。最后，从自我中寻找。"我"的生活就是海洋，凡是有"我"生活的地方就有诗情和诗意。"我"的理想、青春、自由，"我"的喜好、忧伤、悲悯，"我"的亲情、爱情、友情、乡情、别情……无不闪耀着动人的光辉。如郭沫若的《立在地球边上放号》、徐志摩的《再别康桥》等。

二要精选意象，为寓情。王国维说："一切景语皆情语。"诗歌需要借助意象来抒发情思。这个意象可以是诗人自己，也可以是诗人以外的物象，具象为人、物件、动作和细节，等等。

首先，取"象"来自三种途径：一是来自长期积累和阅读，如古典诗词中蕴含离别之情的"长亭""柳"和"灞桥"等意象。二是来自自己的日常生活，如周围的事物、梦中的图影和回忆中的对象等，这是最重要的来源。如雪莱的《致云雀》以云雀为中心组成密集的意象群，表达诗人奔放的激情和坚定的理想。三是通过变形的"眼镜"和"听筒"，经由联想和想象创造出意象。这类"象"常常是扭曲的、异形的。如臧克家的《老马》描绘的并不仅仅是一匹可怜的老马，而主要是写20世纪30年代北方农民忍辱负重、坚韧不拔的精神品质。

"老马"是具有象征意义的"象"。

其次,要将情思附着在"象"上。常见的有三种方式,即借景抒情、托物言志和缘事抒情。其中的"景""物""事"就是"象",也就是传达情感和思想的通道。借景抒情分乐景衬哀情和哀景衬乐情,换个角度说,便是以美衬丑,或以丑衬美。如《诗经·采薇》中的"昔我往矣,杨柳依依;今我来思,雨雪霏霏"。当初"我"应征不得不离开家的时候,青青的杨柳依依随风飘动,以乐景写哀情。现在"我"能够高高兴兴回到家乡,纷纷大雪却漫天飞舞,以哀景写乐情。今昔对比,景情反衬,感慨万千。托物言志是通过对某种事物的描绘,借以表达个人的某种情感和思考。一般是以物衬人,最终两者融为一体。常用的技法便是象征,如前所述的《老马》。而缘事抒情,类似于起兴,先叙述,然后引发抒情或思考,如郑愁予的《错误》,借叙游子走过江南,抒发思妇等盼归人的情怀。

最后,注重意义的升华和结构技法的提升。途径有三:一是在关键处点染、开拓。如《沁园春·长沙》中"谁主沉浮"的"主",表达了毛泽东雄视天下的凌云壮志,着一字,而神韵全出。二是点明情思,避免太过晦涩难懂,这种手法类似于散文的"卒章显志"。三是强化主题,可以通过前后呼应或反复吟唱来到达。前者显得结构完整,后者则感情热烈,使我们能看到情思动态的流动过程。闻一多的《红烛》即属后者。

三要优美韵律,需和谐。诗歌是富于音乐性的文学体裁。这种音乐的美来自诗歌的韵律和节奏。合理安排诗歌的韵律和节奏,以适合所要表达的情感意蕴,是诗歌写作的关键之一。如郭沫若《立在地球边上放号》的雄奇奔放,雪莱《致云雀》的浪漫激情,与作品的韵律节奏是协调一致的。那么,如何锤炼语言?

首先,要注意语言的凝练、含蓄,给读者联想和想象的空间。如徐志摩《再别康桥》的开头一节和最后一节:

轻轻的我走了,/正如我轻轻的来;/我轻轻的招手,/

作别西天的云彩。

　　悄悄的我走了，／正如我悄悄的来；／我挥一挥衣袖，／不带走一片云彩。

　　诗歌第一节，写学子作别母校时的万千离愁。连用三个"轻轻的"，使我们仿佛感受到诗人踮着足尖，像一股清风一样来了，又悄无声息地荡去；而最后一节，"悄悄的"则与第一节回环对应，形成循环往复，同时也流露出诗人不想打扰母校的静谧的情感。诗人为什么在末节说"不带走一片云彩"呢？在这里，"云彩"有象征意味，代表"彩虹似的梦"，它倒映在水中，不能被诗人带走，因此诗人再别康桥不是和他母校告别，而是和给他一生带来最大变化的康桥文化告别，是再别康桥理想。

　　其次，要注意巧用手法。如冯至《南方的夜》的第一节：

　　我们静静地坐在湖滨，
　　听燕子给我们讲讲南方的静夜。
　　南方的静夜已经被它们带来，
　　夜的芦苇蒸发着浓郁的情热——
　　我已经感到了南方的夜间的陶醉，
　　请你也嗅一嗅吧这芦苇丛中的浓味。

　　在这里，诗人并没有直接表达对南方的夜的热爱，而是将燕子拟人化，借燕子之口来表达情感。同时，诗人运用以小见大的手法，通过对"芦苇"意象的营造，描写了南方的夜的静谧，表达了诗人对南方的夜的热爱之情。

二、写作任务

任务呈现

  青春之美，在人的一生中弥足珍贵的。结合本单元诗作和能够引发你思考的其他作品，发挥想象力写一首诗，抒写你的青春岁月，给未来留下宝贵的记忆。注意借鉴本单元诗歌在意象选择、语言锤炼等方面的手法，使诗作多一些"诗味"。汇总所有同学的诗作，全班合作编辑一本诗集作为青春的纪念。

统编教材必修上册第一单元"单元学习任务"四

  进入高中，一切是那么的新鲜：新的环境、新的集体、新的生活，让你一下子充满期待。"我"的理想、"我"的青春和"我"的奋斗……在新的校园里萌生；"我"的思念、"我"的迷茫、"我"的忧伤……在独处时潜滋暗长；还有喜怒哀乐，还有如饥似渴，还有……想到这些，你是不是有一种冲动，那就赶紧用诗意的文字表达并记录此刻的想法吧。请选择你关于青春的想法，然后想方设法运用某种意象来寄托你的这份情思，写一首抒情诗来呈现你内心最真的感受。

学生例文

清晨，我遇见一只小鸟

绍兴市高级中学高一（14）班　方楚文

  清晨，我遇见一只小鸟

它在对面人家的屋顶，朝我张望
我不知道它从哪里飞来
也不知道它将飞向何方

就这样，我望着它
它望着我

阳光穿过我的头发
也穿过小鸟的翅膀
我们在光线中链接
仿佛无数个昨天和今天
在不知不觉中流淌

我明白
小鸟马上会飞向远方
我明白
时间不会在此刻停留
我明白
心中如果有梦想
哪怕没有翅膀
我也终将学会飞翔

佳作点评

  诗歌借清晨遇见一只小鸟，表达青春易逝的感慨。设置"我"与"对面人家的屋顶"上的小鸟相望这一情景，让时光暂时滞留，给"我"以思索和启迪。最后部分，用"我明白"强调青春就像"小鸟"不停留，来揭示其无情，也显示内心的无奈，从而启发"我"要早早

"学会飞翔",塑造一个珍惜青春、愿意为梦想奋斗的坚定的"我"的形象。诗歌三节按时间顺序,从生活中的一个普通情景切入,运用拟人、通感、动静结合和卒章显志等手法,借物抒情,生发出对"青春"的感慨。全诗节奏明快,韵律昂扬,充满活力。

拓展活动

1.借鉴本单元诗歌在意象选择、语言锤炼等方面使用的手法,结合自己的青春感悟,创作一首新诗。

2.诗歌内容或主题大致相同的同学组成一个小组,组内朗读,相互做出评价,并推荐一位同学参加班级展示。朗读时,拍照留念。

发表于《作文新天地》2020年9月,第23-31页

学写新诗

一、抒情诗的写作

抒情诗以表现主观感情、抒怀咏志为主,通过抒发诗人的主观思想感情来反映社会生活。在写作抒情诗时,要先定调,然后取象、寓情,最后升华。情思的表达是第一位的,音律、分行、表达技巧等,都要围绕情思而转动。

所谓"调",就是要表达的情感和思想。情绪上可以或悲伤,或热烈,或喜爱,可因时而动;思想上可以是爱国、思念,或某种思考等,可包罗万象。且看下面一首诗:

> 我的心骤然一阵疼痛,一定是
> 妈妈缀扣子的针线穿透了心胸。
> 这时,我的心变成了一只风筝,
> 风筝的线绳就在妈妈的手。

这是诗人食指在《这是四点零八分的北京》中的诗句。对家的不舍,对母亲的爱,对前方的茫然,都渗透在诗行之间。这是他诗中的调。

拿准调后,便要取象。"象"可具象为人、物件、动作、细节等,可以是诗人自己,也可以是诗人以外的物象。取"象"来自三种途径:一是来自长期积累和阅读,如古典诗词中的意象;二是来自自己的日常生活，如周围的事物、梦中的图影和回忆中的对象等，这是最重要的来源；还有一种"象"是通过变形的"眼镜"和"听筒"，经由联想和想象创造出来的，这类"象"常常是扭曲的、异形的。如臧克家的《老马》描绘的并不仅仅是一匹可怜的老马，而主要是写20世纪30年代北方农民忍辱负重、坚韧不拔的精神素质。"老马"是具有象征意义的"象"。

接下来要将情思附着在"象"上。常见的有三种方式，即借景抒情、托物言志和缘事抒情。其中的"景""物""事"就是"象"，也就是情感和思想传达的通道。借景抒情分乐景衬哀情和哀景衬乐情，换句话说，便是以美衬丑，或以丑衬美。如闻一多的《死水》：

> 也许铜的要绿成翡翠，
> 铁罐上锈出几瓣桃花；
> 再让油腻织一层罗绮，
> 霉菌给它蒸出些云霞。

《死水》是"以美衬丑"的典型，一汪死水被女诗人赋予娇艳的色彩之美，更显得令人作呕。

所谓托物言志是通过对某种事物的描绘，借以表达个人的某种情感和思考。一般是以物衬人，最终两者融为一体。常用的技法便是象征，如前所述的《老马》。而缘事抒情，类似于起兴，先叙述，然后引发抒情或思考。

最后一步是升华。包括意义的升华以及结构技法的提升。途径有三：一是在关键处点染、开拓，着一字，而神韵全出。如顾城的《远和近》：

> 你看我时很远，
> 你看云时很近。

二是点明情思，避免太过晦涩难懂，类似于散文的"卒章显志"。如冰心《纸船》的结尾：

> 这是你至爱的女儿含着泪叠的，万水千山
> 求它载着她的爱和悲哀归去

诗人将母亲的爱借"纸船"表达了出来，是托物言志。篇末点明主旨，升华了诗歌表达的不尽情思。

三是强化主题，可以通过前后呼应或反复吟唱来达到。前者显得结构完整，后者则感情热烈，让我们能看到情思动态的流动过程。《红烛》即属后者。

写抒情诗，应当注意以下几点：

首先，要怀有真情真思。因为抒情诗是凭借情思取胜的，精心编制的谎言不属于诗。

其次，取象要与自己的内心契合。要走向自己的内心，探索"生活发源的深处"，拾捡起久已消沉的动人往事，然后"像儿童一样把它们当作一种生疏的事"去对待，葆有一颗"童心"。

最后，要寻找属于自己的语言方式。在语言组织上，创作者要灵活运用自己最拿手的修辞手法，大胆打破语句的常规组合，让人产生熟悉的陌生感。

学写一首关于思念的抒情诗

进入高中，一切是那么的陌生，新的环境、新的集体让你一下子难以适应，然而，崭新的生活已然展现在你的面前，你肯定会慢慢融入其中，开启一段新的旅程。但是，偶尔，在夜深人静或独处之时，你也许会不由自主地想起初中老师，想起母校的点点滴滴，想起昔日的同学……如果你寄宿在学校，那你更会想起父母，想起亲人，想起

在家的生活,如此等等。此时,你会有一种要把思念表达出来并记录下来的想法,请选择你最思念的对象,然后想方设法运用某种意象来寄托你的这份情思,写一首抒情诗来呈现你内心的感受。

东方未晞,叽叽喳喳,林间一阵躁动……风起时,柳叶沙沙,飘摇飞舞……天暮了,静谧的校园,教室里灯光明亮……眼前浮现出的是谁的脸庞?曾经一起走在那条林荫路上。那一场酣畅淋漓的球赛,我们有多少的快乐与激情需要分享!那天,你的谆谆教诲……摊开白纸,我要为你画像。

回忆的闸门打开了,故事汹涌而来:那是发生在哪里的事情?有谁和谁在一起?你的一席言语,令我深思唏嘘;谁的一句冷笑话,引起大家捧腹开怀。兄弟般的情谊,慈母般的关爱,严父样的眼神……我要用什么意象去表现我的这份情感?修辞呢?要借助景物的描述来寄托呢,还是直接表达?

在完成上述写前准备后,你就可以按要求动手创作了。

等初步写好你的作品之后,重读几遍,看看是否基本表现出了你要传达的情思?诗歌中的意象有没有描绘清楚?修辞手法的运用是否合理?语序是不是需要再变化?所采用的技法是不是有自己的特色?你可以找出一些地方,在词语的运用和语句的安排上再做些修整。

优秀习作点评

源　泉[①]

浙江省绍兴市高级中学　于琛

那是在马孔多与隔壁村庄之间的一条孤独小径
那是在布恩迪亚带领村民寻得的一片蔚蓝汪洋[②]

它不惧诺查丹玛斯献上的温热的冰气
不惧那布满疮痍的颤抖的双手③

无处不在
于蒸满水银的房间
于奥雷里亚诺根植的理性
于关押赫里内勒多的牢狱④

它在理性科学中现身
在战火硝烟中抗争⑤
在绝望孤独中
空度余生⑥

点评

①诗歌用一部《百年孤独》隐喻人类的童年时代。进步精神成为文明发展的源泉。"源泉"之象，激起读者对曾经时代的回望，对文明的考量与反思。其立意高远，发人深省。

②将情思寄托于具象，让"象"来言说。那"一条孤独小径"和那"一片蔚蓝汪洋"是原初的、懵懂的生活状态和生命的律动。

③"温热的冰气"与"颤抖的双手"极具质感和在场感，将发现和追求的惊奇以及激动可视化。

④进步之路充满艰辛，成长需要付出代价。理想与现实变革之中，充斥着各种尝试，甚至包括牺牲。这里隐喻着曲折。

⑤"它"是什么？进步之光，发展之花，科学之树，是人类对先进文化的渴望。"它"隐藏在理性科学中，滚动在历史的车轮下。"硝烟"弥漫中闪耀着真理的身影。"现身"指呈现的各种形态，在历史的进程中，先进文明以千姿百态的形式表现出来。"它"的现身有时

伴随战火，与战火共生共灭。

⑥"空度余生"成为本诗的点睛之笔。理性和现代是社会发展前进的方向，然而人类却往往显得"孤独"和"绝望"。并且要在这样的现实中，踽踽独行，去寻找未来。这里用了拟人化的手法，形象地描绘了科学进步的独特面貌。

总评

作者站在现代文明的高点回眸，寻找人类文明发展的源泉，激起人类对自己童年时代的思念，在立意上，独树一帜。这既显示出作者阅读积累之丰，又凸显出作者对人类这个大问题思考之深。而且，作者将如此大的命题寄寓在一部巨著的相关意象中，大胆而又睿智，形象而又精粹。封闭、庸碌、不思进取，马孔多这个被排在现代文明之外的村庄注定要遭遇一场变革，这座毫无"进步精神"的村落注定要在历史的潮流中消散。诗歌借《百年孤独》中的村庄，表现出人类童年时代的幼稚与挣扎，浅入而深出。当然，本诗用一部巨著中的内容与意象来隐喻先进与科学、进步与发达，对尚未阅读和没有领会原著的读者来说显得有点晦涩。

问题习作提升

木 窗①

你还在那里
时过境迁
岁月早已在你的身上
留下了斑驳的痕迹②

看
凋落的朱漆让你褪去光彩
腐蚀的身躯让你苟延残喘③

听
吱吱的声响让你不再鲜动
那是你嘶哑的呐喊④

也许你会抱怨老天的不公
回想，燕儿何时不再归来
哀怨，人们不再温柔呵护⑤

宁静地沉睡吧
将哀怨深藏在心里
永远，永远⑥

点评

①窗是作者曾经岁月的印记。随着城市化的进程，老屋或消失，或弃置，木窗失去了它的依存和价值。那个特定阶段的特定场景，记录着过往。

②用第二人称，和木窗对话。思绪落在"那里"。用"斑驳"来呈现岁月的痕迹，亲切，可感。

③从视觉角度描摹木窗的现状。木窗"凋"了朱漆，身躯被"腐蚀"。"苟延残喘"将木窗的有幸存在拟人化。

④从听觉的角度描摹木窗生命的气息。"嘶哑的呐喊"彰显着木窗存在的意义。虽然老去，仍然能发出属于自己的声音。

⑤一种猜想，一种体验。慨叹时光的无情，人类的冷漠。用曾经

欢欣的"燕儿"和细心"呵护的人们"的前后对比来传达目前的处境。

⑥这里表现出对木窗的怜惜和同情。"哀怨"是主旋律。如果不用这种角度，赋予"木窗"以新的含义，比如走进博物馆焕发新的生命光彩，比如成为一种民俗文化的见证等，也许立意和主题会有新的升华。

总评

对于已经失去的事物，如何赋予其新的含义，这是我们写作前在定调的时候需要考虑的：为陈旧的、过去的、失去现实价值的物件，找到新生的途径。经由想象、联想等方式，凸显其存在的情状，是我们常用的方法。本诗从视觉和听觉的角度描绘了木窗的外在形象，并用拟人的手法，赋予并揣摩其幽怨之心境，诗歌在这方面做了重点的描绘。笔者认为，假如在末尾部分卒章显志，一改其指向，为"木窗"翻出与传统不一样的新意，那将会令读者眼睛一亮。

二、哲理诗的写作

哲理诗一词源于古希腊，之前被称为"说理诗"。哲理诗通过鲜明的形象、生动的描绘和独特的叙述，传达深邃的思想。它侧重于对人们的生活诗化，总结人生智慧，传达理趣，借助哲理的精警来启人心智。其内容深刻、含蓄、隽永，诗人多将哲学的抽象哲理蕴含于鲜明的艺术形象之中。其写作方式介于韵文和散文之间，一般篇幅短小，押韵自由。

从哲理的表现方式上来看，哲理诗可分两类：

一类是有诗意，但不含蓄。如俄罗斯诗人普希金的《假如生活欺骗了你》：

假如生活欺骗了你,
不要悲伤,不要心急!
忧郁的日子里须要镇静;
相信吧,快乐的日子将会来临!
心儿永远向往着未来;
现在却常是忧郁;
一切都是瞬息,一切都将会过去;
而那过去了的,就会成为亲切的怀恋。

全诗表达了一种积极乐观而坚强的人生态度。作者没有借助意象,但面对挫折要正确、乐观、镇静地对待,要坚信未来是美和光明的哲理表达是鲜明的。

另一类哲理诗具有生动意象,但含蓄,寓理于形象中。如鲁藜的《泥土》:

老是把自己当作珍珠
就时时有被埋没的痛苦
把自己当作泥土吧
让众人把你踩成一条道路

"泥土精神",正是人们对获得生命价值、获得不朽和永恒的一种追求。

哲理诗是诗化的哲理,如一枚果子,哲理是它的内核。其哲理内蕴来自诗人对宇宙、社会、人生的深沉思考,对理想、事业、爱情的执着追求以及对山川、自然、事物的明晰洞察和直觉。如卞之琳《断章》中的:

你在桥上看风景,
看风景的人在楼上看你。

明月装饰了你的窗子，
你装饰了别人的梦。

诗中"人""风景""窗子"和"别人的梦"所蕴含的哲思，给读者留下了巨大的空间。另外，生活中的一些事和物蕴含着辩证思维，耐人寻味。如冰心《春水》中一诗：

墙角的花！
你孤芳自赏时，
天地便小了。

诗人通过想象，以花喻人，从一件平凡的事物得出了不平凡的道理。咏物类的《竹子》，从正面寓意：

每攀登一步，
都要做一次小结。
从反面寓意：
过分地虚心，
终不能成为栋梁。

写哲理诗要注意以下两点：
一要寓理于象。要潜"理"于象、渗"理"于象，既忌有理无象，也忌有象无理。如《勤奋》：

天才与勤奋作伴，
成功和刻苦相连。
听天由命，是懒惰者的信条；
把握人生，是勤奋者的箴言。

只是一般哲理的直白，属有理无象。再如《镜子》：

> 平滑的镜面，
> 反射着物体的图像，
> 映出了少女的笑脸，
> 照出了老人的目光。

只知状物，不知寄托，属有象无理，实质是忽略了立意。
二要善于创新。首先要观念求新。如前所讲的意象"竹子"，诗人渡也写的则不同：

> 古代文人都夸赞我，
> 说我是硬汉。
> 在国画中全身污黑，
> 画家对我更是误解。
> 其实竹子就是竹子，
> 我就是我，
> 既不是黑的也懒得站立。

此诗表现出诗人对人格独立、个性张扬的现代精神的追求。其次要视角求异。如对"瀑布"的多角度审视，就可以挖掘不同的哲理蕴含。如洛夫的《清苦十三峰》：

> 两山之间，
> 一条瀑布在滔滔地演讲自杀的
> 意义。
> 千丈深潭
> 报以
> 轰然的掌声。

至于泡沫
大多是一些沉默的怀疑论者。

又如，诗人李叶明的《瀑布》另辟蹊径：

为了积蓄力量
开始在山涧匍匐
汇集于悬崖
向前奋力一扑
终于，让生命放出异彩
令世人刮目

再次是表现求奇。语言、修辞和技法的运用要尽量做到"陌生化"。

词类活用如余光中《沙田山居》中的"一炉晚霞"，"炉"由名词转化为量词，且使燃烧动态化了。

修辞技法如：

小巷
城市中恬静的散文

把小巷在城市中的特点描摹了出来。
又如：

母亲的呼唤
清冽冽地在沟壑中回荡
草缝里都盛满了
她青紫色的叫声

"清冽冽"和"青紫色"运用通感,形成了超常规的词语组合。

学写一首哲理诗

作为一名高中生,你将不断趋向于成熟和稳重。对自然、社会和人生会有更深入的思考,你将更加独立、更加自主和自由,对学习、理想甚至爱情有自己的主张,对事物和事理有更明晰的洞察和把握。如果你对高中生活中的眼前景、身边事和寻常物,或者对宇宙、自然、社会以及人生,有独特的思考和感悟,你就把这些感悟和思考记录下来,然后用形象或者独特的表述,诗化为某种哲理,写一首哲理诗的呈现你的思索。

审视自己走过的路,有什么让你有所启示、有所顿悟?如何深化,使之高远、深刻?比如,同样是描述"镜子",李修炎这样写:

> 历史的镜子最公平
> 如果你害怕它
> 将它一摔,碎了——
> 它也将变成千万双眼睛
> …………

从镜子的自然属性联想到人类历史,提炼出"历史是公平的裁判"的象征诗意,开拓了诗的意境,表现出别致而深刻的哲理。这是一种拓展延伸的方式。

在生活里,你有这样的感触吗?在即将写下的这首哲理诗中,你将表现何种思考呢?

思考并完成上述写前准备后,你就可以按要求写作了。

重读几遍你写完的诗歌,看看是否基本传达出了你要表现的哲理?诗歌中的象与要传达的理之间是否契合?修辞手法的运用是否新奇独特？某个词语变换一下或者某个句子的语序变化一下能不能增加点新意？试着找出一两处地方，在词语的运用和语句的安排的"陌生化"上再做些修整。

优秀习作点评

莫比乌斯环①

绍兴市高级中学　于　琛

从光年之外
到咫尺之间②

由北向南，由西向东③
由远及近④

自秦王一统
到1789巴士底狱的涌动⑤

用鲜花装饰腐朽的枯木
以欢言遮掩虚弱的病体⑥

枯木逢春
却又是循环往复⑦

点评

①莫比乌斯环是一种拓扑学结构，只有一个面和一个边界。它具有很多奇妙的性质：只存在一个面；正面可以转化为反面；可以生成对立的阴阳两性；"裂变"后的环既无法分开，又无法独立存在……预示着矛盾的统一、能量的守恒、阴阳的转化、万物的联系以及否定之否定等寓意。

②"光年"之遥远和"咫尺"之切近，在距离上可以统一在一起。

③"由北向南，由西向东"，从空间的角度，揭示世界的本源。从广义上讲，无所谓东西南北，宇宙就是混沌一片。

④"由远及近"，有动态美。历史从时空中走来，又走向远方。把世界概括为立体的三维模型，揭示出运动的本质。

⑤无论是中国还是西方，国家都以分分合合的形态交替着。"一统"和"涌动"从两个不同情状，高度概括社会的存在方式。

⑥"腐朽的枯木""用鲜花""装饰"，"虚弱的病体""以欢言""遮掩"。新与旧、死亡与生命、美与丑，万物以矛盾的方式统一在一起，丰富着这个世界。

⑦"循环往复"，这是世界轮回的真谛。"枯木逢春"是表象，实质还是循环。历史是这样，世界亦是如此。结尾意味悠远，耐人寻味。

总评

本诗寓理于象，将事物的阴阳两性转化、矛盾统一、能量守恒以及否定之否定等寓意高度统一到一个"莫比乌斯环"中，这个"象"的设置，本身就显示出作者的睿智和聪慧。然后从时间、空间、运动、历史、事物等角度具象化其含义，全面且富有创意。诗歌最后的概括，既点明了主旨，也让读者从"枯木逢春"的变化中感悟事理。要说遗憾，在于一般读者对莫比乌斯环的陌生。

问题作文提升

瀑　布①

你是来自山巅之上的孤独
从千里倾泻而下②

越陌度阡
奔向你的归程③

孤身涉水
寻找你的方向④

自令放为
开辟属于自己的天梯⑤

总评

①"瀑布"是寻常而又非常之物。要在原来大量诗人吟咏的基础上翻出新意，着实要费一番心思。

②先概括性地描述现状和结果，有思维的张力。"瀑布"因为孤独，所以选择。

③艰辛和困苦，用"越陌度阡"固定。

④用拟人化的手法，描摹出"瀑布"的孤独之旅和美好的希冀。

⑤化用屈子之意，活现出一个坚强的灵魂和形象，为自己开辟出一座独特的丰碑。

提升方向

老生常谈的话题，怎样出新，这是萦绕习诗者的一个十分棘手的问题。前文已有一些对"瀑布"的描述，颇具哲理。诗作者用"越陌度阡""孤身涉水"和"自令放为"三种状态来描绘"瀑布"在实现理想征程中的艰辛、痛苦、孤独和执着，仿佛让我们看到了历程、看到了一个坚强的身影。最后的"天梯"是"瀑布"实现自己理想和信念的具体展现，十分形象。要提出的是，从"瀑布"追求的路径中，"奔向归程"和"寻找方向"的行文顺序前后调整一下也许更为合理。

选定角度　有的放矢

——统编教材必修上册第六单元"议论要有针对性"写作教学探究与举隅

统编版语文必修上第六单元的写作任务是"议论要有针对性"。这个写作任务不仅指向写作内容,议论要有一个明确的对象,这个对象或是具体的人或事,或是一种现象或社会事件等;也指向写作方法,不同的说理内容和言说对象决定着论证方法、思路和语言特点的选择。

结合教学实践,我从彰显时代特征、具有读者意识、进行多维分析和实施有效策略四个方面来展开。

一、彰显时代特征

韩愈主张"文以载道",白居易提出"文章合为时而著,歌诗合为事而作",王安石认为"所谓文者,务为有补于世而已矣",这些观点中的"道""时""事""世"等,都告诉我们在写作的时候要站在时代的高度审视现实世界,实际上也都反映了我们写作的终极意义。高中生不同于初中学生,心智更加成熟,需要对社会和生活有一定的关注,《语文学习》杂志封面有一句"语文学习的外延与生活的外延相等",说的就是这个道理。高中学生不能只局限在"自己"的世界中"无病呻吟",而应从真实的社会生活中找到对象和问题,在真实的生活情境中发表真实的所思所感。在写作议论文时,可以赞扬先

进,见贤思齐,也可以批评谬误,针砭时弊,要彰显青年人的现实情怀思考和社会责任担当。教材中的三篇文章,就彰显了作者的时代特征。(见表4-1)

表 4-1 作品与时代特征

课文	针对的现象或问题
《劝学》	当时人对后天"学习重要性"的认识
《师说》	当时士大夫"耻学于师"的现象
《拿来主义》	1934年5月28日《大晚报》报道美术家刘海粟、徐悲鸿去国外举办美术展览和梅兰芳准备应邀前往苏联演出,并赋予"发扬国光"

二、具有读者意识

写给谁看,是议论文的"读者意识"问题。实际上,我们在发表议论时必定有一个真实或者假定的读者。对于我们的观点,对方也许会认同,也许会反对,这就需要我们运用有针对性的论证方法和语言表现形式来说服对方。如《师说》使用了举例论证、对比论证和引用论证等多种论证手法,同时在行文时,其句式错综复杂、灵活变化,强调了从师的必要性,这是因为韩愈面对的是"士大夫"阶层。而《劝学》多用比喻说理,且所使用的喻体,无论是"青出于蓝""冰寒于水""假舆马者""假舟楫者",还是蚯蚓和蟹的对比,都来自自然与生活,是自然界的物质、生活中的工艺和普通人的日常生活,之所以这样写,是因为荀子面对的是那个时代各种阶级所组成的"士民"阶层,其中有农人甚至大盗。荀子劝学,不仅要阐明道理,更要用符合"士民"需求的方式去阐释,自然界的物质、生活中的工艺、普通人的日常生活,这种由比喻带来的生动形象、易于理解的特点就成为他阐述道理的依据。所以我们要根据不同的读者来选择合适的交流姿态、论证方法和语言表达形式,这样才能使自己的观点更容易被对方接受。

具体来说,议论的针对性主要包括针对现实问题、现象、观点发问,探究问题的根源,针对特定对象进行论证以及针对观点展开论证的思维过程等。本单元三篇课文的上述内容如表4-2所示。

表4-2 作品与读者意识

课文	针对的现象或事件	读者	论证方法
《劝学》	当时人对后天"学习重要性"的认识	士民阶层	比喻论证、对比论证
《师说》	当时士大夫"耻学于师"的现象	士大夫之族	对比论证、比喻论证、举例论证
《拿来主义》	1934年5月28日《大晚报》报道美术家刘海粟、徐悲鸿去国外举办美术展览和梅兰芳准备应邀前往苏联演出,并赋予"发扬国光"	错误对待外来文化的顽固派	举例论证、对比论证、类比论证

三、进行多维分析

教材第六单元"单元提示"指出:"关注作者思考问题的角度,学习他们有针对性地表达观点的方法。"意在指导学生学习经典课文时要习得如此规律:思考问题要定点、定向,并多维拓展,具体问题具体分析,缘事析理,挖掘问题的本质。不仅要明确"为什么",还要明确经过一定概括、抽象、推理、判断"得出什么"。

如何指导学生有针对性地分析问题?首先要选取一个角度,其次要在事件的概述分析中引出观点、探究原因并得出结论。不能简单地就事论事,而要透视现象,把问题说透。本单元的三篇文章,针对当时的现象、问题和风气,但都不囿于时事,而是站在历史文化的高度,分析问题的根源,抽丝剥茧,刨根究底,具有高度的理论概括性,于是就有了超越历史的思想意义和实践价值。(见表 4-3:"所揭示的本质或概括的特征"一栏)

表 4-3 作品的多维分析

课文	针对的现象或事件	所揭示的本质或概括的特征	读者	论证方法
《劝学》	当时人对后天"学习重要性"的认识	"学不可以已"	士民阶层	比喻论证 对比论证
《师说》	当时士大夫"耻学于师"的现象	"从师学道"	士大夫之族	对比论证 比喻论证 举例论证
《拿来主义》	1934年5月28日《大晚报》报道美术家刘海粟、徐悲鸿去国外举办美术展览和梅兰芳准备应邀前往苏联演出,并赋予"发扬国光"	拿来主义("运用脑髓,放出眼光,自己来拿")	错误对待外来文化的顽固派	举例论证 对比论证 类比论证

有基于此,我提供了三篇杂文(见附录),都是评论在 20 世纪 30 年代旧上海发生的事,作者都从"推人者"角度进行分析,揭示了那个时代的社会现象:当时社会对下层老百姓、地位身份卑微的生命个体的践踏。(见表 4-4)

表 4-4 作品的多维分析

文章	针对的现象或事件	所揭示的本质或概括的特征	论证方法	思维方式
《推》	卖报的孩子被推下电车碾死	高等华人推踏一切下等华人	举例论证 比喻论证	纵向思维
《第三种人的"推"》	寡妇被推下轮船在黄浦江中淹死	"帮闲"者作为推人者	举例论证	横向思维

（续表）

文章	针对的现象或事件	所揭示的本质或概括的特征	论证方法	思维方式
《"推"的余谈》	"现在'推'的工作已经加紧，范围也扩大了"	古之"第三种人"，比现在的仁善	举例论证 对比论证	纵向深入

同时，我又提供一个新近的素材（见附录），2011年在上海发生的类似于"推"的事件——一位拾荒老人坐公交遭司机和乘客责骂驱赶。关于文明乘车及文明劝阻的话题引发热议。我这样设计问题支架："针对这一事件，请你选取一个角度，用一句话表达自己的看法或思考。"问题的角度有不少，学生可以通过有针对性地分析问题以确定事件反映的主要问题或问题的主要方面，使论证更有针对性。（见表4-5）

表4-5 作品的角度与主旨

角度	观点与思考
司机（驱赶方）	劝阻要合理化、人性化
白衣男子（另一驱赶方）	乘客权与利的界限要清晰
拾荒老人（当事方）	我们该怎么文明乘车
其他乘客	在情与理的面前，我们该怎么做
公交公司	规则和制度的完善
社会（网友等）	该包容还是纵容

四、实施有效策略

实施有效策略是指针对特定的角度或对象，针对具体问题发表建议或提出解决问题的有效策略。教师使同学选择某一个角度，就是构建了真实的交际情境，能激发学生主体性、主动性与创造性，方便学生在情境对话中根据言说对象选择说理的内容、方式、策略、语气等。

以"拾荒老人坐公交遭司机和乘客责骂驱赶"事件为例,我设计问题支架为"假如你是事件中的某一位,向其他身份中的任何一位写一段中肯的建议,提出你解决问题的有效策略"。(见表4-6)

表4-6 作品的观点与有效策略

读者	观点与思考	有效策略
司机(驱赶方)	劝阻要合理化、人性化	明确职责与权利;适度把握执行轻重的力度
白衣男子(另一驱赶方)	乘客权与利的界限要清晰	学会平等、尊重;不能自以为高人一等
拾荒老人(当事方)	我们该怎么文明乘车	找到需求与许可之间的平衡
其他乘客	在情与理的面前,我们该怎么做	事不关己而默然;伸张正义而阻止
公交公司	规则和制度的完善	实事求是且与时俱进
社会(网友等)	该包容还是纵容	思考在新时代如何避免类似的事情发生

这样,学生就可以根据说话者的身份,面对"读者",来组织材料和结构全篇了。

当然,在技法上,"议论要有针对性"还会涉及论据与论点的统一等方面的内容,但我们在教学时,主要指导学生在写作过程中去落实上述四个方面内容,把握思辨阅读与表达的一般策略,以提升学生思维品质。

附录

推

丰之余

　　两三月前，报上好像登过一条新闻，说有一个卖报的孩子，踏上电车的踏脚去取报钱，误踹住了一个下来的客人的衣角，那人大怒，用力一推，孩子跌入车下，电车又刚刚走动，一时停不住，把孩子碾死了。

　　推倒孩子的人，却早已不知所往。但衣角会被踹住，可见穿的是长衫，即使不是"高等华人"，总该是属于上等的。

　　我们在上海路上走，时常会遇见两种横冲直撞，对于对面或前面的行人，决不稍让的人物。一种是不用两手，却只将直直的长脚，如入无人之境似的踏过来，倘不让开，他就会踏在你的肚子或肩膀上。这是洋大人，都是"高等"的，没有华人那样上下的区别。一种就是弯上他两条臂膊，手掌向外，像蝎子的两个钳一样，一路推过去，不管被推的人是跌在泥塘或火坑里。这就是我们的同胞，然而"上等"的，他坐电车，要坐二等所改的三等车，他看报，要看专登黑幕的小报，他坐着看得咽唾沫，但一走动，又是推。

　　上车，进门，买票，寄信，他推；出门，下车，避祸，逃难，他又推。推得女人孩子都踉踉跄跄，跌倒了，他就从活人上踏过，跌死了，他就从死尸上踏过，走出外面，用舌头舔舔自己的厚嘴唇，什么也不觉得。旧历端午，在一家戏场里，因为一句失火的谣言，就又是推，把十多个力量未足的少年踏死了。死尸摆在空地上，据说去看的又有万余人，人山人海，又是推。

推了的结果,是张开嘴巴,说道:"阿唷,好白相来希呀!"

住在上海,想不遇到推与踏,是不能的,而且这推与踏也还要廓大开去。要推倒一切下等华人中的幼弱者,要踏倒一切下等华人。这时就只剩了高等华人颂祝着——

"阿唷,真好白相来希呀。为保全文化起见,是虽然牺牲任何物质,也不应该顾惜的——这些物质有什么重要性呢!"

六月八日

注:

①发表于1933年6月11日《申报·自由谈》。丰之余,鲁迅曾用笔名。

②上海话,好玩得很的意思。

第三种人的"推"①

达 伍②

最近有事到汉口去了一次。动身的前一天,看见报上登有一条小新闻,说芜湖有一个山西寡妇,带着孤儿,来沪谋生不遂,只好空无所得,重返故里;因为没有钱买票,给建国轮船上的茶房推落浦中,淹死了。孤儿就抛在岸上。在这大家忙着"攘内安外"的年头,这类事自然是没有人注意的。

但我却因此想起不久之前,有一个卖报的孩子给人推下电车碾死,和某家戏场失火,十几个人被推死踏死的事。这被推死踏死的,大抵是妇人和小孩,而且是"推"。

我又想起某先生为这件事作过一篇文章,题目叫《推》。大意说,我们时常可以遇到两种以"推"为业的人物,一种是洋大人,另一种是同胞,然而是"上等人"。

但据我这次旅行亲自得到的经验,除上面所说的两种"推"以外,还有第三种人物的"推"。这种人,既非"上等",亦不便列作"下等",然而他要"帮闲""上等人"来推"下等人"。山西寡妇,就是给这种帮闲的人物推下水去的。

这帮"帮闲"的人物,陆上也有,船上也有,是属于"两栖"一类。在马路上的小贩和小手艺者,常要被扯去"家生",摔上一丈多远,自然是被推仆地,甚至送了性命,这就是第三种"推"法,是"帮闲""上等人"来推"下等人"的。这种人大抵是头戴铜盆帽,手执哭丧棒之类的人物,这是在陆上。

上船,进舱,下船,你也要被推。这也是第三种"推"法。但被推的只限于坐统舱或买半票,或买不起票的。买了统舱票的要被房舱里的人推,单单买了船票,而不买床位的要被无论哪一舱的人推,推得你无容身之地。至于连船票也买不起的人,就直截了当,推上岸或推下水去。万一船开了,才被发现,就先在你身上搜一遍,在衣角上或裤腰里搜出一毛两毛,或十几枚铜圆,尽数取去,充作船费,然后把你推下船底的货舱了事。而这以后,不论远近,不管久暂,船上是不供给伙食,要把你饿得半死不活的。这些事,都由船上的"帮闲"者们来干,使用的是第三种"推"法。

我这次亲眼看见从南京上来两个苦学生,买了船票但买不起床位,给他们且喝且推,推得无处容身,问站在旁边"闲看"的我道:"我们出钱买票,却不许我们立足,难道钱是叫我们白出的吗?"我告诉他们:"你们出了钱,他们自然要把你从南京'推'到上海去的啊!"

注:

①原载 1933 年 7 月 24 日《申报·自由谈》。

②达伍即廖沫沙(1907—1991),湖南长沙人,著名杂文作家。1932 年任职于上海明日书店,后又任《远东日报》编辑,以后两年中写了大量杂文和时事、政治评论。

"推"的余谈①

丰之余

　　看过了《第三种人的"推"》②,使我有所感:的确,现在"推"的工作已经加紧,范围也扩大了。三十年前,我也常坐长江轮船的统舱,却还没有这样的"推"得起劲。

　　那时候,船票自然是要买的,但无所谓"买铺位",买的时候也有,然而是另外一回事。假如你怕占不到铺位,一早带着行李下船去罢,统舱里全是空铺,只有三五个人们。但要将行李搁下空铺去,可就窒碍难行了,这里一条扁担,那里一束绳子,这边一卷破席,那边一件背心,人们中就跑出一个人来说,这位置是他所占有的。但其时可以开会议,崇和平,买他下来,最高的价值大抵是八角。假如你是一位战斗的英雄,可就容易对付了,只要一声不响,坐在左近,待到铜锣一响,轮船将开,这些地盘主义者便抓了扁担破席之类,一溜烟都逃到岸上去,抛下了卖剩的空铺,一任你悠悠然搁上行李,打开睡觉了。倘或人浮于铺,没法容纳,我们就睡在铺旁,船尾,"第三种人"是不来"推"你的。只有歇在房舱门外的人们,当账房查票时却须到统舱里去避一避。

　　至于没有买票的人物,那是要被"推"无疑的。手续是没收物品之后,吊在桅杆或什么柱子上,作要打之状,但据我的目击,真打的时候是极少的,这样的到了最近的码头,便把他"推"上去。据茶房说,也可以"推"入货舱,运回他下船的原处,但他们不想这么做,因为"推"上最近的码头,他究竟走了一个码头,一个一个的"推"过去,虽然吃些苦,后来也就到了目的地了。

　　古之"第三种人",好像比现在的仁善一些似的。

　　生活的压迫,令人烦冤,胡涂中看不清冤家,便以为家人路人,在阻碍了他的路,于是乎"推"。这不但是保存自己,而且是憎恶别人了,这类人物一阔气,出来的时候是要"清道"的。

我并非眷恋过去，不过说，现在"推"的工作已经加紧，范围也扩大了罢了。但愿未来的阔人，不至于把我"推"上"反动"的码头去——则幸甚矣③。

七月二十四日

注：

① 本篇最初发表于1933年7月27日《申报·自由谈》。

② 《第三种人的"推"》载1933年7月24日《申报·自由谈》，作者署名达伍。他所说的"第三种人"，是指鲁迅先生在《推》中所说的"洋大人"和"上等"华人以外的另一种人，即"帮闲"。

③ 1933年的中国和上海

1月3日，日军侵占中国的山海关。

3月15日，红军打破国民党军第四次"围剿"，中央苏区与闽浙赣苏区连成一片，红军迅速扩大到8万多人。

4月10日，蒋介石在南昌向其将领宣布抗日必先剿共。

5月31日，中国南京国民政府派熊斌与日本关东军代表冈村宁次在塘沽签订停战协定，即《塘沽协定》。

6月15日，察哈尔民众抗日同盟军在张家口召开第一次代表大会，确定了同盟军的政治、军事纲领。其主要内容是：外抗暴日，武装保卫察哈尔，收复失地；对日绝交，反对中央当局签订《塘沽协定》等妥协外交，肃清卖国贼，没收汉奸军阀一切财产及日货等。

上海拒载拾荒老人公交车司机被停职调查

新华网上海8月12日专电（记者　潘旭）　网上一段视频近日引起热转和讨论：在上海82路公交车上，一位收废品的老人上车后，司机不允许其乘坐，双方发生争执，继而老人被另一名乘客强行赶下车。记者日前从82路车队所属的浦东公交上南公司获悉，目前事发车辆上的女驾驶员已被停职调查。

　　这段视频通过微博在网络盛传，从视频中可以看到：82路公交车停在路边，一位头发花白的老人提着几个大袋子站在下客门附近，身着蓝色长袖衬衫的驾驶员和一名白衣男子呵斥老人，还表示要打"110"，试图让老人下车。"驱赶"未遂后，驾驶员启动了车辆。刚过一个站，白衣男子强行将老人的一个大袋子扔下公交车。老人正欲下车捡一地物品时，驾驶员关闭了车门，将车开走。

　　视频引起了网友的热议，一些网友认为，拾荒者提废品上车，的确有碍其他乘客，且机动车载物本身就有明确规定。但更多网友认为，哪怕不符合规定不能上车，乘务人员在处理问题上也该"柔性"些，不能如此粗暴。公交车是服务普通百姓的，自然包括底层的拾荒者。

参考文献

[1] 金怡.有的放矢，始得鲜明：议论要有针对性[J].新世纪智能，2020（91）：14-17.

[2] 朱再枝，何章宝.明确对象，有的放矢：语文必修（上）"议论要有针对性"写作探究[J].语文教学与研究·上半月刊，2020（3）：133-136.

[3] 郭吉成.新课标高中论述文写作指导[M].杭州：浙江教育出版社，2017.

发现问题是再度写作的前提

——由黄厚江老师的一堂作文指导课说开去

作文指导到底要从哪里开始，具体要指导什么，怎样的指导才对学生作文水平的提高最有效？在"中学语文课堂写作有效教学"研讨会上，黄厚江老师的一堂作文指导课给我们提供了一种可资借鉴的范例。他试图让学生用"再次写作"的方式对自己或别人的作品进行再度加工，学生们或重新构思，或变换主题，或增删材料，或丰富细节……教师则介入学生的作文完善过程之中，通过学生自己诵读、同学之间点评和师生共同"切磋"，让学生发现自己作文的瑕疵、缺点与不足。这堂课的核心价值在于突出了学生主体，抓住了作文进阶的关键。

我们先来回顾一下黄老师作文指导课的大致程序。

1. 检查诵读自己的作文和阅读同位作文的情况。

2. 推荐诵读或点评同位作文。一学生诵读余超的《中秋无月》，并简要点评推荐的理由，师生交流喜欢的理由。

3. 孙文佳读自己的作品《岁月深处的美丽流域》，谈这个话题引发的思考。

4. 用3分钟从自己的文章中找一个点进行修改。余超谈关于主题、细节及选材的修改设想。

5. 谢佳烨谈《失落的美》，认为"前两段不需要这么长，描写景色太突兀"。

6. 提出"再次写作"概念。要求用3分钟用不同主题、文体或立意，对已有的文章重新构思。要求说的是"我原来的作文是怎样写的，现在我想新的构思，我想怎样写"。

7. 徐宽谈自己的《在这个冬日里》，认为"要把文章中不适应和孤独感部分适当删减，冬日的美景只作为衬托，加入一些融入新环境的素材，这样主题就更鲜明了"。

8. 李琛谈自己的《独自面对》，认为"没有写出真情实感，没有质朴的情感，如果让我再写一次，我要写自己的一次真实经历，写我第一次骑车……"。

9. 黄津汝诵读《我因应试狂》（也是老师最喜欢的作文）。师生交流。蔡诗瑶等俩同学点评，认为材料独特、结尾震撼、表现手法独特。老师认为文章中直面现实的精神、责任以及欲扬先抑的手法都很成功，但中间两段议论"像肿瘤，要修改"。

10. 师生交流怎样将黄津汝这篇文章"化为己有"。讨论认为可用不同的主题、不同的立意写，比如，写"如何提出有价值的问题""用英语提问还是用中文提问""奥巴马的形式主义"等。

11. 师生讨论，同样是写记叙文，和黄津汝的写法不得重复，怎样再度写作。讨论认为可以从奥巴马的角度入手，写奥巴马从期待到失望再到得意的心理过程。

12. 布置作业：在自己或他人作文的基础上，运用课堂学习的方法，写一篇文章。下节课师生进一步交流。

我很惊叹学生能发现自己诸如此类的问题，也佩服黄老师的启发诱导和穿针引线，然而这堂课也存在问题：所有的进程都必须建立在学生已经具备了发现自己文章错误的眼光上。

黄老师的设计体现了"以学定教"的原理，可谓因材施教，对这样的学生就可以用这样的方法。而反观我们的身边，现实不容乐观——学生在写完作文后，很少再回头去看自己的文章。虽然我们可以要求他们检查自己的文章，但他们往往难以觉察出自己作文的错误与不足，即便找出了其中的错误，也不知怎样修改。而且，很多学生容易发现别人作文中的错误，却很难发现自己作文中的错误。黄老师的方法是以学生能发现自己作文中的问题为前提的。所以说，他的策略或者方法其实是一种"美丽的幻觉"，对大多数学生而言，是可望而不可即的。能觉察出自己文章的错误，那才是最难的。因此，我认为帮助学生发现自己作文中的问题并自己修改，那才是作文指导中最重要的，也是最关键的。

其实，"自己修改"是培养学生自我调节、自我控制能力的重要方法，是一个重新认识、重新发现和重新创造的过程，是学生基于对题目、读者和目的等方面的"修辞环境"的自觉认识，运用批判性思维来对自己作文的内容和主题进行重新认识、发现和创造，是对文体、样式以及遣词造句等形式方面的熟练把握。修改不仅是写作过程中的一个重要步骤，而且更准确地说，它贯穿于写作的整个过程，从某种程度上来说，修改就是重写。

那么，如何帮助学生发现自己作文中的问题？实践证明，对自己的文章进行反思性阅读是一种切实可行的办法。

这种"反思性阅读"，指的是为了修改而进行的阅读。读者就是作者。它不等同于一般意义上的阅读，并不仅仅是为了从文章中获取信息，更重要的是要发现文章中的问题，并试着去改正。这种阅读需要阅读者有读者意识，而不能以作者自居。阅读时要始终反思，努力发现作文中的意义方面的问题。

因此，这里我们所说的修改不是对形式的修改，如格式、标点、错别字、段落句子的斟酌等，而是对作文意义的修改，即就文章的主题、内容、逻辑结构等做进一步深入的思考、修正。

为此我们为学生提供了不同文体类型的量表，针对不同类别的文章进行反思性阅读。

我们让学生有意识地学习一些自我提问的策略。如认真检查哪些地方自己这样写，读者是不是看得懂；哪些事情是自己熟悉的，读者是不是也熟悉，还需不需要做更详细的交代；哪些事理是大家熟知的，自己却做了长篇大论，读者会不会感到多余；在文章中，自己提出的主张和见解，或者所列举的事实，以及提出这些见解和主张的理由能不能为读者所信服和接受；还有哪些语句的意思，除了自己知道，别人是不是能明白。一旦学生能够以读者的身份来看自己的文章，就很容易发现一些先前发现不了的问题，进而有针对性地对自己的习作进行有效的修改。

下面就以叙事记人类散文为例，做一个具体的介绍。自我提问的问题如下：

1. 有一个得体的题目吗？
2. 题目可以看出叙事记人的吗？
3. 文章开头吸引人吗？是细腻的描写或有悬念的开始吗？
4. 全文至少有三大部分或三段吗？
5. 写了几件事？什么事或怎样的场景？
6. 叙事清楚或场景有特色吗？
7. 叙述有没有起落、详略、表里？
8. 叙事后有没有适当的感悟？
9. 如果有场景描写，有没有从不同的角度进行描写？
10. 如果刻画了人物，有没有揭示出人物性格的细节描写？
11. 文章的主旨鲜明、深刻吗？
12. 文章的结尾有没有用简练的语言回应主题，提升全文？
13. 文章的语言是否生动、吸引人？举例说明。

学生带着这些问题，用读者视角对自己的文章进行审视，从中发现自己文章中的问题，并按照符合该文章的基本要求做下一步的修改。学生在发现的路上，慢慢地掌握了写作的有关意义方面的要求。下面附录中的文章是一位学生运用自我提问的方法对自己的文章的反思，括号中的文字为学生阅读自己文章时的心理状况，系教师事后与学生座谈回忆的记录。

附录

外 婆
（觉得一般般，缺少特色。）

高二（22）班　叶立琴

　　从小就听到一首古谣是这么唱的："摇啊摇，摇到外婆桥……"外婆总是会等在弄堂口，先前外婆家还没装电话，我以为外婆总是神通广大知道我们什么时候会过来，长大了才明白，其实外婆每天都在等着我们回家……（这个开头，从"我"的角度来写，只能说明外婆对"我"的爱。）

　　外婆比我早生了5个轮回，已满头银丝，在人群中竟是如此耀眼。可外婆一点儿都不显老，因为她有一颗年轻的心，还有乐观的人生态度，她微笑着迎接每一天的到来。（其实，到这里就是全文的总纲，应该分段了。）小时候，到外婆家，总会有一碗甜滋滋的蛋花汤，说是自家养的鸡产的蛋，吃了保管长得健健康康，没病没灾。看着那淡黄色的蛋絮漂浮在蛋汤表面，喝一口，那香甜直入心底，虽然比不上酒店的昂贵，可是绝对少不了酒店的美味，因为那是外婆用心做的，说得实际点，那是有经验在里面的，讲得含蓄些，那是外婆对我的爱。（写蛋花汤来表现外婆对"我"的爱。好像与要表现外婆的"年轻"和"乐观"不符。）

　　小时候我对糖有特别的感情，可是妈妈又总是担心我会长蛀牙，糖果就成了禁忌。糖果是我渴望而又无法得到的梦想，而到了外婆家，外婆会塞糖给我，各种颜色、不同包装的都有，有些都变了形，那是化过了的。可是外婆也会和我"约法三章"，就是答应她吃完后要记得刷牙。从外婆手中接过甜甜的糖果，看到糖果把口袋装得鼓鼓的样子，我脸上就充满了幸福，看到外婆也会跟着微笑，似乎外婆脸上的皱纹也会消散很多。（这里太多的在写"我"了，也不太能表现外婆。）

再长大些，少了空闲，我也不常去外婆家了。偶尔节日或忌日遇到一起，总是无可避免地要烧香拜佛，看着那些外婆用心折叠的元宝变成灰烬四散在空气中，心中就会有一种莫名的难受，害怕外婆也会在某一个我不留意的瞬间消失，作为半个佛教徒，外婆总是很虔诚地礼佛，每天都会点香、折元宝，口中还会诵念那些绕口的佛经，虽然不一定有作用，可是外婆总是相信这是有用处的。（"虔诚"该怎么体现呢？这个是表现外婆的什么呢？）

外婆用30年的时间抚育了我的母亲，接着又用15年的时间用自己的经验和教训教育了我，外婆用自己的方式诠释了89年的历史，如果再用89年的时间，我愿意为外婆创造一个不同的世界。（这个结尾，只能说明外婆为我们付出了很多很多，不能表现外婆的乐观。）

我的俏外婆

（我想表现出外婆的与众不同，围绕"俏"来写。）

高二（22）班　叶立琴

我的外婆白发一大把，可看上去显得特年轻。这是因为，她每天都保持着最真心的笑容。还有，她那圆鼓鼓的肚子，就是她良好心态的一个见证。（用外形来吸引读者，来表现外婆的不一样。）

外婆同许多老年人一样，没上过学。作为一个传统的中国女性，她热衷于烧香礼佛，所以外婆总会用心折叠每一个元宝，并且认真地诵念每一句经文。小时候，我总会蹲在外婆身旁，看着一张张锡箔纸在外婆的灵巧的手中变成一只只工整的元宝，四角方方，排列得当，像是一座座亮闪闪的宝塔。外婆虽然不识字，却能把佛经一字不漏地背诵下来,外婆就是这样一个非同寻常的"牛"人。说起外婆习字的故事,还着实让人吃一大惊。原先我爸把佛经给外婆细细抄写端正,准备教外婆识字,可几个月过去了,一点效果都没有,不认识就是不认识。不过,后来我爸改变了策略,索性一遍一遍地念给外婆听,外婆就一遍一遍地跟读。之后,外婆边折元宝边诵念,慢慢地变得越来越熟练,现在,甚至连刚开始颇有实力的老爸都自叹弗如了。(真心来自外婆对佛教的虔诚。用外婆的"折元宝"和"学念佛经"来表现出外婆的心灵手巧,表现出执着和乐观,她不怕困难。)

外婆信佛,可也爱"偷腥吃荤",用外婆的话讲叫"饮食均衡、不偏食"。一日家庭聚会,外婆竟与我们同坐一桌。我正诧异外婆怎地不吃素了,只见外婆竟然夹了一块肉往嘴里送。我慌忙大声地对着外婆说:"外婆,你不吃素,观音菩萨不会批评的呀?""外婆之前已经跟菩萨讲过了,今朝破个例。"外婆笑眯眯地说。看来,信菩萨也未必一定要始终吃素的。我这也明白外婆不老的原因了,那就是要保有一种最纯真的任性。(这里刻画了外婆信佛却吃肉这一违背常规的细节,以此来丰富"外婆保有良好心态"的内涵。)

或许现在信佛不必那么纯粹,可以有自己的"创新"。外婆她们不用老是聚在一起诵经念佛,也会组织一些户外活动,如登高祭佛、远行踏青等。起初,外婆还死活不干,说自己行动不便,年纪也大了,这不是折腾她这把老骨头嘛。可是同她一起的老姐妹们就是不依不饶。她们"死乞白赖""死打烂缠"地终于把外婆给说服了。而外婆自从九华山回来以后,仿佛是被"洗了脑"似的,一个劲儿地向我们讲山上的美丽景色和路上发生的趣事。现在,外婆反而成了组织活动最积极的一个了。(户外祭佛是一种新的活动,外婆由拒绝到积极参与,这个变化,能表现出外婆的有趣,值得一写。)

外婆还有一个爱好就是打麻将。虽大字不识几个,可麻将牌却是极易上手的东西,外婆学了不久,就有了自己的一个套路,几时借东风,几时和牌那是一招不差。每天下午外婆都会定时去麻将场。于是就有了一句很贴切的话来形容外婆,那就是:"不在家,就在麻将场，不在麻将场，就在去麻将场的路上"。打麻将成了外婆雷打不动的一个习惯，她常常出去，晒晒家长里短，不至于太寂寞。（除了信佛，写"外婆打麻将"也是一道风景，特别是住院间隙回家探望牌友，煞是可爱。这个材料非常有特点，可以描述一番的。）

  如果单纯地说打麻将是外婆的一个爱好，那或许还不够。因为外婆也做过出格的事。有一次，外婆患了小中风，住进了医院。可是外婆就是爱闹腾、不愿配合，所以即使再灵的药都进不了外婆的嘴。可是转机总是出乎意料地出现在我们身边。那天下午，一群牌友来探望她，不断地说着那些早日康复的话，甚至还有一个说"我们三缺一，可没意思了，我们等你把钱赢回来呢！"这个玩笑，外婆却当了真。自那天起，她开始认真服药，积极配合医院的治疗，或许是心情起了作用，外婆的病有了奇迹般的好转，没几天，她就可以下床走路了。虽然在医院只待了几天，外婆却憋不住了，一直想要我们带她去麻将场看看那些朋友。刚到了麻将场门口，就有眼尖的看见了外婆，起身说道："老外婆怎么生病了还来看我们哪？""医院太闷了，出来走走。"外婆笑嘻嘻地回答。一圈人围上来嘘寒问暖，半个小时的工夫，外婆就心满意足地跟我们回医院了。没过几天时间，外婆就出院了，连医生都说神奇。（前面是笼统的描述，这部分就要用细致的细节刻画了。）

  （总的说来，一篇文章只能有一个核心意思，而材料就要紧紧围绕这个核心意思来组织。用外婆的佛事和爱好来表现外婆的心态，这是最直接的。原稿中的事例，我只保留了一个，其他的就只能删掉了。可惜的是，我还没想好要用怎样的一个结尾来结束全文，似乎有点不完整。要继续修改了。）

  发表于《语文教学通讯·A刊》2011年04（第10期），第39-40页

申述类表达题答题优化策略

我们所说的申述类表达题指的是与下面相类似的题目，即时下网络语言流行。"这样子"说成"酱紫"，"哥哥"称作"GG"，"886"表示"再见"……对这一现象，有人否定，有人肯定。请你谈谈你的看法。谈看法，其实就是要学生就题目呈现的现象申明自己的观点，并有理有据地按一定顺序阐述使观点立得住脚的理由。为方便起见，我们姑且称这种类型的题目为"申述题"。

根据学生答题的情况，申述题大致出现了以下几种类型的错误。一是观点不明，态度暧昧。例如，"网络作为时下最热门的东西，其语言流行无可厚非。但我认为，网络语言可以在娱乐场所等非正式场合流行，在正式场合，比如课堂上，应使用正规语言"。答题没有明确表示观点，而且答的是网络语言该流行的场合，不是在证明"网络语言流行的合理性"。二是观点明确，理由阙如。例如，"网络语言能流行必定有它存在的道理，我们不能因为它与传统不合、结构新奇，就将其排除在外。其实哪个传统不是由新鲜演变而来的？所以我肯定它"。三是观点明确，理由不妥。例如，"我认为这些网络语言应该禁止使用。看起来这似乎有那么一点幽默，但对于我们的母语，我们应该尊重它，不能随便乱写。否则，会误导许多人"。四是观点明确，理由骑墙。例如，"我认为这一现象有一定的积极意义。这种网络语言是对中华文化的创新，但这也有一定消极作用，它会使某些人以此为乐，而忘却中华文化精华"。五是观点明确，理由无力。例如，"我对这一现象持否定态度。好好的汉语被说得乱七八糟，这对小孩的教育不好，而且使用网络语言对于不知情的人容易造成误解"。六是观点明确，思路无序。例如，"我个人对网络语言持积极的态度。这些语言可以增长自己的知识，丰富自己的想象力，风趣且易懂，一些文

化程度低的人较易掌握，不会被高层次人嘲笑"。

正确的答题应该是：切合题意，观点鲜明；理由充分，合情合理；表达有序，语句通顺。表示肯定的如："网络语言应任其发展。人在高速运转的生活中渴望有便捷的交流方式，网络语言应运而生。它在一定范围内流传，不会影响正常的语言表达，因此有存在的价值。"表示否定的如："网络语言要被取缔。网络语言在年轻人中大有取代正常语言表达之势，它的无序破坏了有悠久历史的汉语言文化，容易造成用语混乱，应予以取缔。"

针对上述问题，我们认为面对此类申述题，可以用以下策略进行优化。例如：

> 随着社会的进步，语言也在发展。生活中出现了许许多多新的语言现象，成语新解便是其中之一。比如，有人这样解释成语："杯水车薪"，是指有些人的工作，每天办公室喝喝茶，月底可拿到买一辆车的工资；"度日如年"，是指公务员的日子非常好过，每天像过年一样；"知书达礼"，是指仅知道书本知识是不够的，还要学会送礼。……请谈谈你对成语新解现象的看法。（不超过100个字）

首先是观点的优化。如"我感到十分气愤"，是伪观点。"这样的成语新解没有一点实际用处，这样的字面解释与成语的含义根本一点也没关系，这样做会误导学生，使学生不懂成语，导致学生语文成绩下降。"从其中，我们看不出明确的观点。

"我认为随着社会的发展，新语言日益增多，但也带来了一些负面影响，如文字的乱用，使中国现代文字发展出现'盲点'。不少青少年乱用语言，势必影响汉字文化的传承与绵延。"观点与理由混杂在一起，可以修改为："我认为这种成语新解现象会带来负面影响。随着社会的发展，新语言日益增多，如乱用文字，就会使中国现代文字发展出现'盲点'。不少青少年乱用语言，势必影响汉字文化的传承与绵延。"

用以下方式表述的观点都是明确的，可资借鉴。如表示否定的有："我认为这种新解不妥当。""我对成语新解现象持否定态度。""成语新解不可取。""我认为这不是一个好现象。""这种现象应该被遏制。""这种现象是对成语意思的曲解。"表示肯定的有："我认为这种现象有积极意义，值得被肯定。""我认为这种现象是社会发展的必然。""这些成语新解颇具新意。"

其次是理由的优化。准确审题，确定观点之后，用合乎情理的理由、按适当的顺序、通顺有序的表达作为答题的后续要着。

要合情。如："这种现象要遏制。这完全是错误的解释。这不仅是在拿中国传统文化精髓在开玩笑，更是在毒害未成年人，在误导他们。这些都是没有意义的做法，虽形式新颖，实际上内容空洞，一派胡言。"阐述理由的言辞比较偏激，可以优化为："这种现象要遏制。这是对成语的曲解，是对语言的污染。这些做法，虽形式新颖，实际上内容空洞，是对未成年人的误导。"

要合理。如："我不赞成这种现象。成语的解释是经过多代人的努力总结而成的，它反映出我国的文化，但新解却不能。另外，成语新解会让学生误解成语真正的含义，从而影响学习。"成语新解不能反映我国的文化吗？显然，它是立不住脚的。可以优化为："我不赞成这种现象。成语是经过多代人的努力总结而成的，含义比较固定，新解是对语言的一种污染。另外，成语新解会对正处于语言学习阶段的中小学生带来不良影响。"

要有序。如："我认为这种现象有积极意义，值得肯定。这种对成语的新解是仔细观察生活的结果，是对社会弊端的讽刺。"该理由的顺序可以调整为："我认为这种现象有积极意义，值得肯定。新成语大多是对社会弊端的讽刺，成语新解是仔细观察生活的结果，语言幽默，具有现实意义。"

其三是表达的优化。审题后，确立了鲜明的观点，具备了充足的理由，语言的斟酌是关键。这就是考纲里所要求的"简明、扼要与得体"。例如:"我认为应被遏制。这些新解纯粹是利用字面意思进行解释,毫无文化韵味,使成语本身的文化魅力变了味,给那些学习成语的学生造成了不好的成语学习环境,不利于成语的推广。"其中没有标明什么"应该被遏制","学习成语的学生"也令人费解。为此,可以优化为:"我认为,这种现象应该被遏制。成语新解纯粹是利用字面意思进行解释,是对成语文化的伤害。这种不规范的语言表达形式给那些初学成语的学生造成了不好的成语学习环境,不利于成语的推广。"

  在准确审题后,按照上述观点、理由以及表达的优化三部曲打好草稿,再在字数上做个约束,学生就可以从容地誊入答题卷了。希望能给广大学生以一点答题的帮助。

发表于《新高考》(语文数学英语)2010年01期,第23页

立足生活，语文应用为本

——2011年高考语用题的命题特点分析

2011年语文高考尘埃落定，语用题因其内容鲜活、视野开阔、形式多变成为各省市高考命题创新的新星。纵观今年17套高考试卷语用题，可以用"生活"和"实用"两个词来概括。一是考题贴近时代、靠近生活，让语文学习更贴切现实情境。继世博会、低碳经济、理想住宅等热点之后，第六次人口普查、五一禁烟令、纪念辛亥革命100周年、新能源的利用、大学校长全球峰会、史铁生逝世、网络语言的发展、汉字书写现状调查等都成为高考语用题命题的关注点。以这些发生在学生身边的热门事件命题，考量的是考生对现实的关注度和参与度，以及对生活的思考深度和对社会的认识广度。二是更加注重语文运用能力的考查，考生发挥的空间更大，让语文学习的实用功能更加突出。语文学习的目的在于运用，语用题恰恰是检验学生语言运用能力最为集中、最为有效的题型。今年的语用题在体现运用上显得更切实际、更有效果，也更加多样。今年高考语用题命题具有以下几个特点。

一是关注社会，凸显时代热点。

评价与时代、社会联系起来，以鲜活清新的时政材料为素材设题，让学生既关注社会，又解决语言运用中的实际问题。如湖南卷第19题选取了《人民日报》4月29日头版消息"2010年第六次全国人口普查主要数据公布"的内容，要求考生自选角度写一篇200字左右的新闻短评。此题要求考生对时事有自己明确的观点，且持之有据，结构完整，考查的是述评能力。考生解题时要弄清楚两点：一是选择好角度。可以从人口变化成绩方面入手，如"人口素质不断提高""城镇化进程步伐加快"等；也可以选择人口现状面临挑战的角度，如"流动人口规模不断扩大""出生人口性别比偏高"等；也可以对人口普查主要数据做整体评价；还可以从人口数量排在前五位的省份的角度来评述。总之，角度的选择不能脱离所提供的新闻事实。二是要把握好新闻短评的两个最重要的点：短、评。评，就是要议论、论述，要讲道理，要运用本质、原因动机、结果意义等论述方法进行论证，做到观点、材料、论证、小结四要素完整。备考对策是：首先要谙熟述评技巧；其次是要多阅读新闻短评、杂文、普通议论文等，更好地发挥阅读对语言运用的引导作用；最后应更关注时事，以积极参与的心态进行不同类型题目的训练。

此外，山东卷第17题选取了摘录于《中国语言生活状况报告（2009）》中关于网络语言发展前景的调查情况，要求学生从所提供的表格数据中进行分析概括。解答这类题目，要求学生仔细考查数据的变化，分析比较有关材料的内在联系，从而归纳出结论，其主要考查的是学生的筛选整合信息的能力、分析概括能力和语言组织表达能力。

二是关注本土，融合地方特色。

语用题的命题内容呈现出本土特色，全国各地的政治、经济、文化，各方的物产、风土、人情、民俗、地域风貌等均可入题。如重庆卷第21题，涉及2011年重庆马拉松赛事，材料来源于2011年3月20日《重庆晨报》第2版，主要考查语言运用的简明连贯，平时有心关注本地新闻的同学，一定会在考场上更加得心应手。

天津卷把即将在天津举行的第九届全国大学生运动会作为考查对象，要求考生以东道主的身份，描述所提供的吉祥物"津津"的图案，说明寓意，并要求为第九届全国大学生运动会拟一条宣传语。像吉祥物这类徽记或标志，不是一般的图标，往往"言简意赅"，高度凝练，蕴含着丰富的寓意。因此，描述形象、说明寓意，要求学生透过现象挖掘本质，它考查的是学生的观察能力、分析能力、想象能力和语言表达能力。而拟写宣传语考查的是学生语言表达的准确简洁。所谓准确,就是要针对大学生运动会。所谓简洁,是由宣传语的自身特点所决定的,要做到言简意丰,不夸张,有鼓动性。

2011年湖北卷第21题,利用湖北宜万铁路开通前后恩施州公路、铁路和民航客运量对比来命题,充满浓浓的荆楚风味,而且采用的是图表的形式。应该说,图文转换题是近几年高考出现频率较高的题型,主要考查学生的观察能力、理解能力和语言表达能力,是对识记、理解、分析综合、表达应用和鉴赏评价五种能力的综合考查。它强调语言能力的整合、思维品质的优化和学科知识的渗透,往往紧扣时代脉搏,注重挖掘现实生活内容,体现语文学科与其他行业的交叉重叠。涉及的考点包括"语段的压缩""修辞的正确运用"及"语言表达的准确、鲜明、生动,简明、连贯、得体"。这类考题,表面看是"看图表说话",实际上综合了"句式的仿用和变换""续写""语段的压缩"等多种题型的特点,当引起足够的重视。

三是创设情景,贴近校园生活。

"语文学习的外延与生活的外延相等"。创设学生熟悉的校园文化情景,让学生身临其境,这种命题走向能较为积极地调动学生的答题兴致。校报、班刊、班会活动都是学生喜闻乐见的校园文化活动,反映出命题者的语文学习实践观。如广东卷第23题:"班上举行节日文化主题班会,李明同学先介绍了元宵节,接下来韩梅同学介绍中秋节,这时班会主持人要说一段话,将前后两位同学的节日介绍串联起来",命题要求"为班会主持人写一段这样的话"。串联词与学生的生活息息相关。能为各类节目撰写串联词是高中生语文素养的综合体现,也是素质教育新课改的要求。串联词的主要作用是承上启下、上串下联;要能够突出节目特点,传达节目内容,激发同学兴趣,创造氛围。同时要求语言简明得体、富有文采,要起到推动节目的作用。命题指向是学生综合素质能力的考查。

安徽卷的命题更是集中贴近学生实际,两道语用题都指向校园生活。如第19题是根据某班黑板报上的一段文字,要求在空缺处模写出恰当的句子；第20题是要求写出"暑假里，宛风与几名高中同学相约去拜访班主任李老师，打电话预约"的空缺部分。对于这类"情景写话"题，首先要仔细揣摩题目内容，设身处地进入情境，通过想象移情，揣摩定位角色。更重要的是在平时的生活中，加强参与和锻炼，如研究性学习活动、社区活动、各种社团的文体活动，开展语言文字的写作实践，如拟通知、出启事、写海报、说新闻、做节目主持、创作朗诵诗歌、演讲等。

四是关注文史哲学，增添文化底蕴。

把文化历史哲学等作为命题的内容，增添了试卷的文化底蕴，拓展了学生的语文视野，成为今年语用题的又一大亮点。浙江卷继去年因余光中先生说的"一个方块字是一个天地"，独创了仿照示例"拆拼汉字"的题目，受到广泛的好评，今年又借余光中的话阐明一位作家的文笔当有"白以为常，文以应变"的追求。浙江卷对余光中的"情有独钟"散发出浓浓的书卷气息。此题既传达出文言与白话在写作中的关系，又考查了学生是否具有条理性思维和敏锐的判断力。福建卷第17题从国名的中文翻译角度来体现中文所具有的感情色彩，彰显中文的美丽，考查的是学生对信息的概括整合能力以及综合表达能力。湖南卷第20题要学生根据《孟子·梁惠王上》的"老吾老，以及人之老；幼吾幼，以及人之幼"和《墨子·兼爱》中的"视人之国若视其国，视人之家若视其家，视人之身若视其身"，联系现实，分析两段文字含义的异同及所体现的儒、墨两家思想的异同。这类具有思维特质的题目，能考查学生发现问题、分析问题的逻辑思维能力。而辽宁卷第16题提到了"境界"这一中国传统的美学概念，把命题的"触角"伸向旁系相关学科，而"长句改短句"的考查方式，能让学生对"境界"有更进一步的认识，同时能检测学生句式转换能力。

五是立足教材，向经典汲取营养。

教材是最好的语用规范文本，编者精心选择的经典作品中的经典语言、经典人物就是我们学习运用语言的最好素材，因此，命题者没有错过这处独特的风景。如湖北卷已经连续几年直接从课本中引材料：2010年第20题要求描写王维"竹喧归浣女"的场景，第21题要求拟写《红楼梦》诗词鉴赏交流会"开场白，今年第22题要求为"感动心灵——最感动心灵的课本人物"蔺相如或刘和珍写一则颁奖词。颁奖词言简意赅、生动形象的诗歌般的语言，能充分考查学生的综合能力。如四川卷第19题要求从高中语文教材中的"康桥、边城、雨巷、蜀道"等文化景点或文学意象中，选择一个作为开头，仿照例句写一句话，第20题要求"以患者的名义给史铁生写一段感激的话"。又如江苏卷第4题要求为校园网主页增设的"辛亥英烈"专栏写按语，对象为鲁迅小说中以秋瑾为原型的辛亥革命志士。四川卷和江苏卷都是立足于课本，指向于应用。最彻底的要数江西卷，摒弃了往年的几个语用题的组合，合并为一题，赋分15分，要求考生参照所提供的鲁迅先生画像，结合对鲁迅的了解，刻画心目中鲁迅的形象。这样的考查，既做到了课内和高考的对接，又做到了经典和实用的结合，真正体现了学以致用的思想，也充分发挥了高考试卷对语文教学的良好导向作用。

最后谈谈命题形式。

从题型来看，今年的语用题形式丰富，变化较多。主要题型有以下几种：病句修改、词语或句子填空选择、语意连贯、图（表）文转换、仿写、句式转换、主题班会串台词、设计宣传提示语、信息推断、根据上下文摹写句子、信息概括、为专栏写按语、写颁奖词。此外还有综合运用题，比如江西卷的"根据鲁迅画像刻画心目中的形象"，四川卷的"以患者的名义给史铁生写一段感激的话"，天津卷的从7个词语中任选4个组成一段话，福建卷的根据拼音写汉字、选恰当的关联词、选出错误的标点符号并改正，湖南卷的根据儒墨两家思想的异同谈看法，等等。概括起来说，各省市的命题既相互借鉴，又各具风采，既具有本省个性，又体现了共性，无不突出了语言的实用性和工具性，体现出能力立意的旨归。

当然，语言运用部分的考查主旨是要考生展现自己综合运用语言的水平和能力，综合性应该是这个部分各种题型的基本特征。其知识所涉及的多领域、命题所呈现的多角度、表达所展示的多技巧，每一年都会有所变化，但万变不离其宗，只要学生能把握住命题者命题的特点和趋势，立足生活，突出实用，就一定能够在考场上胸有成竹、游刃有余。

发表于《语文建设》2011年Z1期，第103-105页

话题作文"我看中国达人秀"写作指导及佳作示例

文题呈现

2010年10月22日,《绍兴晚报》记者就"中国达人秀"话题,针对绍兴在校及毕业大学生做了一份简单的问卷调查。有部分被调查者认为,评委的素养以及节目的体制上存在漏洞。较多认可该档节目的被调查者明确表示:节目"宣传到位、没有任何门槛、不限任何才艺"的宗旨,符合全民参与的标准,是其迅速走红的原因,并为其中的"奇迹轮番上映,节目扣人心弦"而声声叫好;而不看好"中国达人秀"的被调查者认为,"社会浮躁而引发成名之心","参赛过程以及后期产生的经济、文化效应"诱使民众参与,并消极表示这只是一种"打发时间的娱乐"而已。对"中国达人秀"你有何看法,请以"我看中国达人秀"为话题,写一篇不少于800字的文章。要求:①立意自定;②角度自选;③除诗歌外,文体自选。

写作指导

这是一个时评类作文材料,对这类话题需要确立一个明确的观点,或赞许或抨击,必须旗帜鲜明。而事例往往有多维的解读,因此我们拿到一个事例，要学会从不同角度进行分析，提炼出有思想、有深度、有意义、有个性的主旨。

以这则材料中的对"中国达人秀"的看法为例，有对节目体制和评委素养的批评，有为其因"没有任何门槛符合全民参与的标准"而叫好的评论，也有认为其节目动机不纯而觉得意义不大的评论。所以，我们可以选择不同角度的解读，得出不同的观点，在具体的写作时，紧紧围绕自己的观点来阐发见解和主张就行了。

1. 从节目本身的角度思考：娱乐如何大众化；娱乐节目如何告别低俗；娱乐节目如何与时代精神结合；娱乐节目如何才能吸引观众；"达人秀"不同于其他选秀类节目之处在哪里；"达人秀"是富有特色的"秀"，还是在作秀等。

2. 从参赛者的角度思考：平凡与不平凡；永不言弃；"达人秀"是"凡人秀"；每一个都是达人；生命的价值；达人与能人；达人与艺人；残缺也是一种完美；超越自我等。

3. 从评委的角度：达人的标准是什么；评委需要怎样的素养；评委如何完善自己；尊重与平等；话语霸权；人文性等。

当然，对这个作文材料也可以描摹节目中令人感动的细节，抒发自己的感情，表达自己的喜怒哀乐，写成一篇夹叙夹议的散文。

佳作示例

"感情秀"并非"达人秀"

姚靓琳

至今天为止看了许多期"中国达人秀"了，可是我反倒觉得对"达人"这个词竟有点陌生。在周末的时候，我仔细翻查了《现代汉语词典》，居然没有找到"达人"一词，恐怕这是一个比较新、比较潮的词汇吧。

但其实我想说的并不是这个词汇的出处，而是人们对于它的定义和理解。我甚至觉得，我们都被东方卫视搅浑了判断力。说实话，我并不是讨厌或是想"弹劾"这个节目，仅仅是想表明一下自己的观点，难道这样的煽情表演"秀"就是"达人秀"吗？

先从一般的选手说起吧。在表演的过程中，有些时候三位评委老师会同时按下"叉"灯来结束眼前选手扯淡而又无聊的表演，然后问上几个十分荒谬又不着节目边际的问题，选手便会就此答上自己"悲惨的遭遇"，例如"我的老伴终身瘫痪了"，"我的家庭让我难以实现我自己的梦想，是我的××伴我一路走来"，如此等等。此时，节目的录制现场就会马上飘起悠扬并且略显伤感的旋律。之后总是评委要求请上他的亲人，台上的两人继续边说边哭得稀里哗啦、泣不成声。于是评委"居然"来了个一百八十度大转弯而大呼"Yes"，俨然忘记了他刚才无聊的表演，俨然忘记了这是"达人秀"而不是"感情秀"，俨然忘记了"达人"的定义和达人的标准。我真为那些自己孤身前来，精心准备和表演出真正新奇好看节目的选手们感到不公平！评委们，这是"眼泪的错觉"啊！

接着再来说说一位十分有名的选手——刘伟。我承认他确实身残志坚，拥有永不言败、永不言弃的优秀品质，堪称我们青少年真正的学习楷模，可他真的算是真正意义上的"达人"吗？真的算是具有新奇出色的技艺的人吗？我记得在总决赛的时候，评委说过这样一句话："刘伟，我不知道你还会在这个达人秀的舞台上走多久，但如果你永远局限在这个层面上，那么你将会停步不前或是就在此止步。"显而易见，评委也认为刘伟光靠每场稳定的用脚趾弹奏出柔情的歌曲，然后再由主持人不断介绍和强调他的悲惨和坚强是远远不够的，他需要有更接近"达人"意义上的表演突破。因为，其实地球人都已经知道，这更接近于"感人"而非"达人"！

不过，达人秀里的节目也因许多选手例如表情王、反串王等的搞怪另类表演而变得活泼滑稽。说实话，选手除了要秀出自己真正与众不同的技艺，还着实需要在舞台上挥洒热泪，但是过多的眼泪只会湮没了"达人"这两个字背后存在的真正的意义！

或许评委更需要与观众一样，尽量理性地去欣赏、考量选手的表演和技艺，而不是以感情或是悲情说话。

点评

文章的题目就十分明确地表达了自己的观点，认为这个节目偏离了主题，变成了煽情的表演，变成了"感情秀"，不是真正意义上的"达人秀"。

一开头，作者从"达人"这个词汇的理解出发，将它与节目的内容相比照，提出了自己的疑问，也进一步点明了题意。接着，文章从一般的选手说起，批判了选手用"悲惨的遭遇"替代"扯淡而又无聊的表演"却竟然博得评委通过的匪夷所思的现象，认为这是对"那些自己孤身前来，精心准备和表演出真正新奇好看节目的选手们感到不公平"，是评委们"眼泪的错觉"。然后，又从评委对参赛者刘伟的点评中挖掘出一点端倪：刘伟需要有更接近"达人"意义上的表演突破。这也正好证明了评委对评判标准的误读与曲解。最后，话锋一转，强调用给节目带来的活力的真正"达人"秀出的是"自己真正与众不同的技艺"，而适当的"挥洒热泪"只是陪衬而已，亮明了自己的看法。末尾再次强调要侧重"选手的表演和技艺""理性地去欣赏和考量"，回应扣文题。

文章观点明确，结构严谨，论证层次分明，先破后立。语言理性睿智又不乏生动形象。如"说实话，我并非是讨厌或是想'弹劾'这个节目"，"台上的两人继续边说边哭得稀里哗啦、泣不成声"，"其实地球人都已经知道，这更接近于'感人'而非'达人'"。

"达人秀",好!

尹 力

我只看了几场"达人秀",也说不好如何如何,只能在这里讲一点个人观点。

有些自命清高的"社会评论家",总是发表某些所谓"高雅"的言论,说什么这个低俗,那个无聊平庸。在我看来,这种人也未免太"屈原"了。我是这样想的,"达人秀"该办,该火,该继续。

首先我要说的是,一个人有一技之长,难道就不能显山露水一下,难道就不能给人以欢笑?难道有本事的人就一定要藏在社会的角落,去蒙受潮湿的瘴气,而不能直面那四射的阳光吗?人总是这样,总有自己拿手的活,难道只有发表这些"高雅"的言论,在故纸堆里讨生活才叫作"有才"!

这个世界,能干的人一定不在少数,有人在某方面拥有自己的专长,就应该给他一个舞台去展示自己。也许吧,有些舞台是专门为演员或者歌手定制的,然而上了舞台的人不就是来表演的人吗?我会拉二胡,我就去拉二胡;我会唱歌,那我就去唱歌。他会跳花绳,就去跳花绳呀!你会什么,你会绕口令,那也能去呀!

达人,我所认为的达人就是要会挑战自我,放出光彩,感动别人,惊讶别人,让别人崇拜或者好奇。"达人秀"不低俗,也不媚俗,恰恰相反,其反映出来的是我们普通人的最真实、最朴素的追求。有能耐的人,更可以据此一举成名,谁说要出名只是那些搞艺术的人的专利?

听说绍兴也要办什么"达人秀",好啊!一个人不能平平庸庸留在世上,至于老死,除了"垂空文"以外,他们还可以有其他的方式。"达人秀"就是一种途径。你可以通过这个节目让别人记住你,哪怕你失败了,就把它当作玩闹,只要你已经做了你自己心中的达人就可以了。

对自己来说，每个人都是达人，参加"达人秀"，无非就是证明自己的一种方式，何乐而不为呢？

点评

"'达人秀'该办，该火，该继续。"文章在开头部分就明确了自己的观点。接着作者从一个普通人的角度出发，认为只要有一技之长就要去表现一下自己的才能。他还呼吁社会应该给在某方面拥有专长的人一个展示的舞台。以此来证明，"达人秀"正好符合上述要求。然后，作者对"达人"提出了自己的见解和理解，肯定了这个节目的意义所在——"其反映出来的是我们普通人的最真实、最朴素的追求"。他对本地要举办类似节目表示大力的支持。最后，作者指出"每个人都是达人"，参与在于证明自己，何乐而不为，呼应了开头，也点出了题意。

文章观点清晰，论述条分缕析，层层推进，结构完整。通俗的语言表述中透出一丝冷峻，如"你会什么，你会绕口令，那也能去呀！""我所认为的达人就是要会挑战自我，放出光彩，感动别人，惊讶别人，让别人崇拜或者好奇"等。而典故等修辞的运用也是信手拈来，着实令人耳目一新，如"这种人也未免太'屈原'了""除了'垂空文'以外"等。更重要的是，文章中"在我看来""我要说的是""我所认为的达人"等表述，显示出作者强烈的爱憎态度，让读者明显感到流露在字里行间的真挚情感。

每一个都是达人

翁雯雯

  这是一场才艺的盛宴，一场娱乐的聚会，一场感动的前奏。
  "达人"是一个很奇妙的词汇。它意味着擅长，意味着热爱，意味着与众不同。在中文字典里，"达人"指的是经过长期锻炼，积累了丰富经验，而得到某一领域真谛的人。在上海音乐厅的舞台上，这个定义就变得有点宽泛：绝活、娱乐、感动、悬念都成了标准。
  提到达人秀，我脑海中马上浮现的是一支美丽的舞蹈。两个舞者身体残疾，让人心酸的是他们的笑靥。马丽是一个热爱舞蹈却失去了右臂的女子。曾几何时，她把自己关在心底的世界里，一个人沉默地行走，一个人沉默地生活，一个人在逆境里随波逐流，仿佛一尾离群的鱼，孤独地在水藻旁边吞吐着泡泡，看着它们上升，漂浮，破裂。而他是个快乐的大男孩。他阳光的笑容让马丽惊异，同样是残缺的身体，为何他的梦还能展翅高飞？他走进了她的生活，带着三月的阳光，照亮了她心底被人遗忘的角落。他用实际行动告诉她，没有左腿，没有右臂的你我一样可以拥有梦想，一样可以实现梦想。他们在聚光灯下旋转，穿梭在每一个音符之间，舞出自己最灵动的身姿。他们的梦没有残缺，在舞台上绽放出美丽的光泽，摇曳着开出最美的花朵。音乐停止的时候，他用仅剩的右腿稳稳地站立，双手高举着她。她微笑地昂着头，舒展着独臂，放飞了心中久蛰的梦想。他说："我是马姐的右臂，马姐是我的左腿。"俏皮的对视，会心的一笑，传达出生命的灿烂。他俩是生命的达人，他们在命运面前用笑容交出了一份完美的答卷。
  我想起另一个同样有着奇妙的滋味的故事。一个来自河南的男子，扮成猪的模样，演了一段莫名的猪叫，留给观众一头雾水。评委毫不留情地说了"No"，他喘息一会儿，脸上有了点慌张："我……我还想讲一个故事。"夫妻二人来上海摆摊赚钱，卖的是便宜的鸭脖子。他们起早贪黑，辛劳疲惫的身躯背负着家庭的重担。这样的日子不停重复，让人麻木。有天夜里，丈夫收摊回家，地上拖着长长的漆黑的影子。远远地听到一段歌声，在风里听不清楚地飘摇。他壮壮胆，小心翼翼地推着车走近，发现那个桥洞下的身影竟是自己熟悉的妻子。她闭着眼，陶醉在歌声里。那一瞬间，丈夫突然记起自己的妻子也有梦想，原来的她是多么的喜欢歌唱。在生活的打磨里，她藏起了自己的梦，陪着自己劳累。他的愧疚无可抑制地泛上心头："为了我的妻子，我……我扮猪都行！"朴素的话语里承载了一个农村男人最大的爱恋和坚决。妻子上台来了，破例获得了中途参赛的资格。她却不管不顾地抱住了丈夫，什么话语都在这个拥抱面前显得那样脆弱，泪花涌现。这个女子的脸上浮现出一种不平凡的美丽。评委轻轻地说："唱一首吧。"整个音乐厅给予了她一种安静的祝福。她拿着话筒，静静地看看四周，启唇清唱："朋友，你今天就要远走，干了这杯酒……"动听的嗓音在音乐厅里回荡，我忍不住哭泣，情不自禁地为他们鼓掌。他们携手走在生活的路上，有温存的爱意涌现。这是爱的达人。

其实，每一个人都有属于自己的那一份骄傲，每一个人都是达人。

我是，你也是。

点评

两个故事的叙述与描绘，传达出来自作者心底的呼喊："每一个人都有属于自己的那一份骄傲，每一个人都是达人。我是，你也是。"

文章一开始就用动人的笔调高歌："这是一场才艺的盛宴，一场娱乐的聚会，一场感动的前奏。"接着作者用"奇妙"一词奠定了全文的基调，下面用两个令人感动的故事来具体地演绎。故事叙述清晰，脉络分明。作者调动了叙述、描写、议论和抒情等多种表达方式。因为作者的专注与动情，所以文中的描写逼真而感人，如"他们在聚光灯下旋转，穿梭在每一个音符之间，舞出自己最灵动的身姿"，"她微笑地昂着头，舒展着独臂，放飞了心中久蛰的梦想"，"地上拖着长长的漆黑的影子"，其唯美的意境，优雅的语言，深挚的浓情，无不给读者留下美好的感受。

本文语言优美而形象，"仿佛一尾离群的鱼，孤独地在水藻旁边吞吐着泡泡"，多么新奇而富有诗意的比喻！还有，"用仅剩的右腿稳稳地站立，双手高举着她"，"俏皮的对视，会心的一笑"，"泪花涌现"，"启唇清唱"等细节，刻画了主人公动人的一幕，这一切都让读者如临其境。

教师下水作文

"中国达人秀"秀出了自我

胡奇良

很少看娱乐类节目，而东方卫视新近推出的一档"中国达人秀"却吸引了我。无论是节目本身，还是参加者或者评委，我认为"中国达人秀"不是在作秀，它恰恰展示出了平民化的本真，表现出的是大众对自我的确证。"中国达人秀"为当前的娱乐节目吹入了一股清新的风。

没看过"超女"和"快男"，听说那里大多是些媚俗、低劣、露丑的闹剧，我没有亲见，不敢妄加评述。我倒是欣赏过几期"快乐大本营""我爱记歌词"和"谁笑到最后"，但除了搞笑、无聊和恶俗之外，其间的意义也显得寥寥。"中国达人秀"的"零门槛"和大众化却可以让更多的平凡者走上舞台一露身手，展示自我，追逐梦想。

本节目虽说是英国的舶来品，但简洁的组织形式、灵活的评判标准和本土的植入元素使它具备了一定的创新意义，"达人秀"受到大众的喜爱本身就说明了这是一档属于咱们老百姓的节目。群众喜闻乐见的，百姓愿意参与的就是好文艺。

"平凡人也可以成就大梦想，相信梦想，相信奇迹！"是"中国达人秀"的口号。参与者可以是田间野夫，也可以是高楼白领；可以是幼儿童稚，也可以是八旬老太；可以是独角戏，也可以是群体秀；可以是古典曲，也可以是外国调……只要在你心中认为自己是一位"达人"，无论男女，不管老少，吹拉弹跳，说学逗唱；不管南腔，无论北调，八仙过海，各显神通。于是乎，时尚七太，居然把肚皮婀娜成水性般的杨柳。卖鸭脖子的个体户周彦峰，甘愿为自己老婆而被喊成"一头猪"。农民徐宏东，高亢得可以把帕瓦罗蒂从地底下惊醒。破产富翁高逸峰，重整旗鼓，唱响了《从头再来》。无臂青年刘伟，敢用双脚弹奏出华丽的《梦中的婚礼》……他们在战胜了冷嘲与热讽、不安与躁动、自卑与自戕之后，带着自信，怀抱梦想，出现在了这个属于自己的舞台上。这是人性的回归、自我的发现、自我的超越。站上舞台的他，就是自己的达人！

三人组合的评委团，在他们的言谈举止中，分明感受到的是如坐春风或如沐甘霖。不管他是音乐制作人、歌手、单口滑稽演员还是其他什么，在点评中，只要能够把对方当作"你"、当作"人"来看待，他就是够格的评委，有人性的评委。在这个节目中，我们看不到他们中的任何一个人曾经用讥诮的口吻、冰冷的目光抑或是不屑的语气去伤害参赛的每一个选手。在他们那里，更多的是感动与鼓励、尊重与信任，甚至怜惜与敬佩。他们不颐指气使，不居高临下，他们在用心感受，细心呵护，他们愿意看到的是对方灿烂的笑容、成功的喜悦和美丽的幸福。对于刘伟，他们起身鼓掌，送出祝福。这也让我们感觉不到评委凌驾于舞台之上的话语霸权，反而我们可以从他们期待的目光、热情的话语和热烈的掌声中，感受到他们内心闪烁着的人性的光芒。

我无意于去褒扬一档节目，也无意于去崇拜某某。我总觉得，给普通大众提供一个展示自己能力的舞台，给平民百姓有一个绽放自己光彩的机会，让他们活得自在，活得潇洒，活得有尊严，活得有奔头，活得有滋味，善莫大焉。愿"中国达人秀"一路走好。

　　　　发表于《中学语文》2011年02期，第29-31页

后记

去年教师节，当我接过三十年教龄荣誉证书的时候，顿时心生惭愧。我一直以为自己还是一个新教师，一次又一次的新课改新考改，我一次又一次地尝试、适应、颠覆……我怎么就如此匆忙地在杏坛度过了那么多的春秋！往事不堪回首，假如说非要总结一下这三十年来教育教学历程中的得与失的话，我眼前就浮现出著名教育家于漪先生的名言："一辈子做教师，一辈子学做教师。"我是永远在学教语文的路上，也愿意一辈子学做教师。

教书育人，立德树人，是教育的根本任务。回顾我的教育历程，大致可以分为三个十年。第一个十年是在 20 世纪 90 年代到新世纪初。就语文教学而言，我称之为"无人机"时期。这个阶段，因在乡下僻壤，目光短浅，几乎不研究学生，不研究课堂，不研究教学。唯教参，唯练习，唯成绩。教学目中无人，只是一头扎在题海里浮沉。请原谅我的无知与浅薄，我要向这个阶段的我的学生道一声：对不起！

第二个十年是新世纪初到 10 年代，学校因行政区划并入市区，学校也易地重建，成为市直学校。我觉得我的心里仿佛打开了一扇窗，外面的世界如此缤纷，各种资讯纷至沓来。2001 年，我有幸考上了浙师大，攻读教育硕士学位。我如饥似渴地阅读相关理论书籍，聆听王尚文、李海林、王嘉良、王荣生、郑桂华等教授专家的教诲，与来自全省各地的朱昌元、陈柳、蒋雅云、金中等同学交流切磋，互助提升。就读期间，根据学习所思和实践所悟，2004 年 1 月，我的处女作《咬文嚼字：培养语文意识的台阶》公开发表，我要感谢远在武汉华中师大《语文教学与研究》杂志社的剑男教授，是他的厚爱和提携，点燃了我心中的火把。后来，顺理成章，我们成为好友。也是在他的引领和指导下，我开始尝试玩文字，写诗歌，于是有了之后在新疆支教期间的诗集《风过棉城》。这个阶段我称之为"加油机"时期。公开课、讲座、课题研究、论文写作……我努力尝试把对教育的认识和实践结合起来，不断地丰富自己、提升自己。

　　第三个十年，是"侦察机"时期。如何将自己所见、所学、所思，在我的课堂，为我所用？这个阶段，我非常幸运地加盟到了浙江省网络名师工作室浙江省特级教师、浙江省首批正高级教师郭吉成领衔的团队。正像郭老师在《序》中所言，我们认识应该有十多年了，只是第一次是在什么样的情境下见面大家都没印记，但郭老师高挑的形象、洪亮的嗓音以及谦卑的风度给我留下了深刻的印象。近几年的工作室活动，让我与郭老师有了更多的交流和接触，他不仅是我的师父，更像是长者，他毫无保留地呵护着我，使我不断成长、不断成熟。2017年教育部颁布了新的《普通高中语文课程标准》，在师父的带领下，近几年，我努力参加各种活动，加强学习、研究并尝试课堂实践，形成了一些研究文章和课例，为新课程的实施与落地作了一点探索。

　　某天，我俩在聊天中说起我想总结一下三十年来对教学的思考而没有头绪的时候，郭老师启发我将发表的文章作适当的梳理，期间的理论思索和实践探究或许可以形成某种思想。在师父的指点下，眼前豁然开朗，我把发表的和待字闺中的文章作了选择和归类，形成四辑，分别为"观点思考""教材分析""教学案例"和"写作应用"。其间，一些经师父修改的文章标题体现出了画龙点睛的效果。特别是师父为小书所作的序言，里面展现出的作为一个专家对专业的判断与点评，作为一个大家的谦卑和包容和作为一个长者对后学的鞭策和鼓励，都可以成为我们学习的典范。在此，我对师父的倾情付出表示最诚挚的感谢！

　　感谢水军兄弟的牵线搭桥，感谢出版社路晓编辑的细心和耐心，感谢妻子的大力支持和鼓励。我想，小书的出版，肯定不是我目前教育征途的终结，而应该是下一个十年的起点。我相信，我将在新时代继续享受这风雨和晴好，快乐在课堂和语文，知足于此刻和身边，幸福着内心和人生。

　　是为后记。

胡奇良
2021年9月26日于城北桥兴文公寓

图书在版编目（CIP）数据

从认识走向超越：我的语文教学 / 胡奇良著 .—上海：上海社会科学院出版社，2021
ISBN 978-7-5520-3689-3

Ⅰ.①从… Ⅱ.①胡… Ⅲ.①中学语文课—教学研究—高中 Ⅳ.① G633.302

中国版本图书馆 CIP 数据核字（2021）第 194946 号

从认识走向超越——我的语文教学

著　　者：	胡奇良
责任编辑：	路　晓
封面设计：	戚亮轩
出版发行：	上海社会科学院出版社
	上海顺昌路 622 号　邮编 200025
	电话总机 021-63315947　销售热线 021-53063735
	http://www.sassp.cn　　E-mail: sassp@sassp.cn
照　　排：	上海碧悦制版有限公司
印　　刷：	上海颛辉印刷厂有限公司
开　　本：	890 毫米 ×1240 毫米　1/32
印　　张：	8
字　　数：	221 千字
版　　次：	2021 年 10 月第 1 版　　2021 年 10 月第 1 次印刷

ISBN 978-7-5520-3689-3/G・1125　　　　　定价：48.00 元

版权所有　翻印必究